ROMANS

VOYAGES

HISTOIRE

COLLECTION HETZEL.

SOUVENIRS
d'un
VOYAGE EN ABYSSINIE

par

A. VAYSSIÈRES.

AVEC UN AVANT-PROPOS D'ALEX. DUMAS.

II

BRUXELLES,
MELINE, CANS ET COMPAGNIE,
Boulevard de Waterloo, 55
1857

POÉSIES

SOUVENIRS

D'UN

VOYAGE EN ABYSSINIE.

BRUXELLES. - TYP. DE J. VANBUGGENHOUDT,
Rue de Schaerbeek, 12.

COLLECTION HETZEL.

SOUVENIRS

D'UN

VOYAGE EN ABYSSINIE

PAR

A. VAYSSIÈRES,

AVEC UN AVANT-PROPOS D'ALEXANDRE DUMAS.

II

Édition autorisée pour la Belgique et l'Étranger, interdite pour la France.

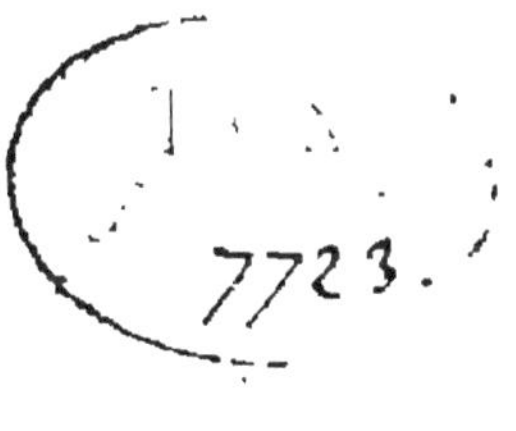

BRUXELLES,

MELINE, CANS ET COMPAGNIE,

Boulevard de Waterloo, 35.

1857

I

En remontant la vallée d'Akhouar, on arrive à l'entrée d'une gorge latérale, consistant en une coupure à travers une chaîne de rochers si étroite, que le filet d'eau qui la parcourt trouve à peine assez de place pour son lit. Mais, si l'on chemine encore quelques centaines de pas dans cette crevasse profonde, qui se replie plusieurs fois sur elle-même, on voit une de ses parois diminuer de hauteur et s'écarter par un talus plus doux, tandis que l'autre, au contraire, s'élève à mesure que l'on avance, et demeure presque partout à pic.

Sur ce plan abrupt, des couches de rochers plus dures ont résisté davantage à la désagrégation, qui est le lent résultat du temps, et se projettent en saillie à plus de deux cents pieds au-dessus de votre tête. Sur ces corniches, si étroites, que d'en bas l'on ne supposerait jamais que le pied de l'homme pût y trouver place, des antilopes sauteuses passent avec la rapidité de l'éclair, bondissent d'aspérité en aspérité, s'arrêtant quelquefois brusquement, les quatre pieds sur l'arête d'une dent de roche qui surplombe, pour arracher un bourgeon aux arbrisseaux que le vent a semés dans les crevasses.

Au-dessus, la forêt laisse pendre çà et là quelque arbre géant, dont les racines, dénudées par les pluies, ont fléchi sous l'effort des tempêtes. Sur beaucoup de points, des *clematis*, des *momordica makhoura*, dont on voit briller les grandes fleurs au milieu d'un vigoureux feuillage qui rappelle celui de la vigne, s'amarrent aux arbres les plus rapprochés du bord du précipice et s'abandonnent à l'abîme, dont elles tapissent les flancs d'une draperie verte.

Les filets d'eau, qu'une rainure amène de l'étage supérieur des montagnes, s'élancent dans le gouffre en se ployant comme la moitié d'une ogive gothique, et tombent, les uns en une colonnette de cristal, les autres en un éventail transparent, dans un bassin où l'eau blanchit en écume. Des aigles tournoient au-dessus de la crevasse, et, du haut de son aire, le faucon sacré de l'ancienne Égypte pousse de loin en loin une aigre clameur, qui, ici, est toujours la voix de Dieu, puisqu'elle est considérée par le Bédouin comme un heureux présage.

Si, au lieu de suivre le fond de la gorge pour arriver à Aïn-Abba, — c'est ainsi que se nomme cette belle chute, — on prend par la montagne, le paysage prend un caractère de grandeur, de magnificence que je ne saurais dire. Alors, vous voyez la forêt monter derrière vous jusqu'aux cimes granitiques du Bahr-Nagach, par un plan rapide, sur lequel des rangées de montagnes, de plus en plus hautes, dessinent leurs gigantesques gradins. A vos pieds s'ouvre la crevasse, pleine de ténèbres, voilée qu'elle est par un nuage de poussière d'eau, dans lequel se croisent en tous sens les courbes de mille arcs-en-ciel.

Sur l'autre revers, la forêt recommence et fuit en s'abaissant vers la plaine, pareille à un océan de feuillage de toutes les formes, de toutes les nuances de vert, bosselé de vagues qui sont des collines, semé d'îlots qui sont la crête de rochers arides, moiré d'ombre et de lumière par le resplendissant soleil des tropiques, sans que l'œil puisse distinguer le point où la forêt finit et où commence la plaine, qui va toujours s'abaissant dans une teinte violette, bornée au loin par l'azur foncé de la mer Rouge.

A quelques pieds au-dessous de vous, une corniche, large de trois ou quatre pieds, se déroule comme un ruban le long des flancs du précipice, et conduit précisément au-dessous de l'espèce de demi-arche décrite par le plus volumineux des *gaves* venus de la montagne, pour disparaître derrière le rideau d'argent de la cascade, derrière la tenture verte des lianes, à l'entrée d'une caverne invisible.

Le rayon de soleil qui filtre à travers les eaux et à travers le feuillage éclaire l'intérieur de cette caverne, habitée seulement par les rapaces nocturnes, d'un jour mystérieux comme la lumière qui arrive aux nefs des cathédrales après avoir traversé leurs sombres vitraux. Les mousses, des *marchanties*, dont les longues écailles rappellent les dragons aux mille griffes des Chinois, tapissent la surface humide des rochers. Des nuées d'*ignicolores* (*oryx Petitii*), espèce de moineaux couleur de feu, tourbillonnent dans le feuillage, où le *columbo wallia* roucoule près de son nid, et dans les touffes duquel montent et descendent de jolies guenons à pelage verdâtre, *cercopithecus mona*, qui gambadent dans cet immense filet mobile.

Un Bédouin me conduisit un jour à cette caverne par un sentier peu difficile, mais effrayant à cause des étranges rumeurs qui montent de l'abîme, à cause du vide ouvert à mes pieds.

Une surface du rocher noircie par le feu, un amas de cendres sur le sol, attestait que ce réduit avait été habité. Était-ce par un cénobite? était-ce par un malfaiteur poursuivi par la justice des hommes?

Comme pour prévenir ma question, le Bédouin me raconta l'histoire suivante, dont on verra les principaux personnages reparaître de loin en loin dans ces récits :

Il y avait à peine deux ans qu'un homme de race arabe, renommé pour son aventureuse bravoure, sa force herculéenne et son habileté de chasseur d'éléphants, abandonna brusquement la cabane qu'il habitait à Eylat, et disparut; dans une rixe, le malheureux avait tué l'un des proches parents du naïb. En vain le chef d'Arkeeko fit-il fouiller les champs nomades et les villages stables des environs, en vain employa-t-on promesses et menaces pour forcer sa jeune femme à révéler sa cachette, le meurtrier demeura introuvable.

Pourtant Aïcha — la femme s'appelait ainsi — vivait dans une certaine aisance, bien qu'elle n'eût pas une seule tête de bétail, et que nul n'eût voulu lui faire l'aumône d'un peu de lait : rien ne manquait dans sa hutte, et quelquefois on eût pu y voir un quartier de gazelle, indice certain qu'elle avait reçu la visite du chasseur.

A ce soupçon vint s'en joindre un autre.

On avait remarqué que, bien souvent dans la nuit, un feu brillait au sommet de quelque montagne, et qu'à sa première clarté, Aïcha, après s'être assurée que nul autre qu'elle ne veillait dans le village, allumait sa lampe, sortait de sa hutte en la tenant à la main, tournait et retournait un instant, et rentrait ensuite comme pour dormir. Le feu de la montagne ne tardait pas à pâlir et à s'éteindre à son tour.

Une nuit qu'on vit la lampe d'Aïcha vaguer dans les ténèbres, le cheik s'en alla aposter des hommes sûrs du côté du village par lequel le chasseur devait venir : couchés sur le sol, et espacés à peu de distance les uns des autres; ces hommes veillèrent jusqu'au jour, mais ne virent que des hyènes.

Trompé dans son espoir, le cheik, qui ne pouvait se résoudre à croire ses soupçons mal fondés, envoya vers Aïcha, sous le premier prétexte venu, un homme habile chargé d'inspecter le sol de la hutte. Il ne fut pas difficile à cet homme de remarquer sur la poussière l'empreinte de deux pieds qui avaient franchi le seuil de la cabane; et, comme il n'y avait point de pieds qui fussent sortis, tout autre eût pu croire s'être abusé. Mais le Bédouin était un expert rusé, qui devina tout, en voyant d'autres empreintes semblables aux premières, tournées du même côté, mais pourtant séparées par un moindre intervalle. Le mystérieux visiteur était sorti de la hutte et du village à reculons.

Tous les hommes dont le cheik put disposer furent réunis, et, de piste en piste, l'on arriva jusqu'à l'entrée de la ravine d'Aïn-Abba. Là, les traces s'arrêtaient, le sol consistant en quartiers de roches polies par les eaux. Mais d'autres indices, tels que des brins de fil arrachés au taub du chasseur par les épines des ébéniers, ou des feuilles froissées par son passage, vinrent dénoncer la route qu'avait dû suivre celui que l'on cherchait.

Tout doute cessa, d'ailleurs, devant l'empreinte du même pied conservée par un peu de terre tombée tout récemment des racines d'un arbre sur la rampe conduisant à la caverne. On y trouva le mari d'Aïcha dormant du plus profond sommeil, et l'on put s'en rendre maître, non sans que le chasseur, en se débattant, envoyât l'un des Bédouins rouler jusqu'au bord de l'abîme, où la chute, venant à envelopper la tête du malheureux, s'en empara pour le lancer au fond du gouffre, et en vomir le cadavre après l'avoir broyé contre le roc.

Le jour suivant, le prisonnier fut conduit à Arkeeko. On n'y arriva qu'à la tombée de la nuit, de sorte que la sentence qui le condamnait à être pendu ne put être exécutée sur l'heure. La foule, accourue pour assister au hideux spectacle d'un homme que d'autres hommes tuent sans colère, se retira en grondant, comme un dogue auquel on n'a point jeté l'os promis.

Aïcha avait suivi jusque-là. Accroupie à la porte de la prison, à côté des hommes qui en gardaient le seuil, elle sanglota toute la nuit, s'arrachant les cheveux, se déchirant la figure avec ses ongles, se traînant aux genoux des gardiens, qui la repoussaient du pied, demandant grâce pour lui, pitié pour elle et son enfant, et n'obtenant pour réponse que quelque horrible allusion à la scène qui allait faire d'elle une veuve. Quelquefois elle retombait, comme écrasée sous le poids de son malheur, dans un état de prostration voisin de l'insensibilité, de la folie.

Mais le ciel avait pris en pitié cette douleur à laquelle les hommes demeuraient sourds.

Le jour venu, quand on ouvrit la prison, elle se trouva vide. Des anneaux de fer épars sur le sol et maculés de sang; une main d'homme livide à côté de deux pierres toutes rouges, et à la surface desquelles adhérait comme une boue de chairs et d'os moulus, la main ayant dû être séparée du bras en écrasant le poignet à coups de pierre; des sillons de sang sur un mur haut de douze à quinze pieds, et une ouverture au toit de chaume qui recouvrait la prison, disaient assez comment le prisonnier s'était fait libre.

On le chercha inutilement. La même nuit, quatre ou cinq barques avaient fait voile pour la côte arabe, et l'on sut que l'une d'elles avait pris pour passager un homme dont le bras droit était emmailloté d'une toile tachée de sang.

Alors, la colère du Naïb tomba sur la malheureuse femme du chasseur. On la fouetta de la manière la plus cruelle, sous prétexte qu'elle avait favorisé l'évasion de son mari, en occupant l'attention des hommes préposés à sa garde. Puis elle fut chassée du village, au milieu des huées et des imprécations de la foule.

De retour à Eylat, elle ne devait y trouver ni pitié ni secours, toutes les familles de l'endroit se rattachant par les liens du sang à celle du naïb, c'est-à-dire à celle de l'homme tué par le chasseur d'éléphants.

Quant à la main abandonnée par ce dernier sur le sol de la prison, le chef d'Arkeeko la fit clouer à la porte de sa propre demeure.

Au milieu du village d'Eylat s'élevait un bouquet de tamarix abritant une misérable hutte, isolée comme un lépreux, formée de trois cloisons délabrées, et d'une quatrième face qu'une natte masquait à demi.

Ce misérable bouge était habité par Aïcha.

C'était une femme toute jeune encore. Son vêtement se composait d'un taub à carreaux blancs et bleus, comme les esclaves en portent seules. Cette toile l'enveloppait tout entière d'une draperie molle et souple, dont les plis accusaient les formes de la manière la plus gracieuse. Toute sa parure consistait en deux pauvres bracelets de verre rouge, passés à ses poignets, et en un collier de verroteries qui retombait sur son ample poitrine. Une abondante chevelure, tressée en une multitude de petites nattes, ruisselait sur son cou, et encadrait sa figure d'un brun pâle, à laquelle de grands yeux, un peu obliques comme ceux des Isis égyptiennes, et des lèvres charnues donnaient je ne sais quelle expression ardente.

Il y avait comme un voile d'inconsolable tristesse répandu sur son front, où pourtant ni le chagrin ni la misère profonde à laquelle elle semblait en proie n'avaient creusé la moindre ride.

Pour la malheureuse femme, il n'était plus d'autre bonheur sur cette terre que le sourire de son enfant, qu'à ses heures inoccupées on la voyait bercer sur ses genoux, en lui chantant, pour l'endormir, une longue et douce chanson.

Ce bonheur devait encore lui être ravi.

Un jour, Aïcha accourut à la porte de notre

tente, la figure toute bouleversée. Partageant le préjugé d'après lequel tout Européen est considéré ici comme un magicien auquel les arcanes de la médecine sont chose familière, la jeune femme venait implorer notre secours. Un scorpion avait piqué son enfant.

Par malheur, il était trop tard, et, quand M. Arnaud, auquel revenait plus spécialement le rôle de *hakim* ou docteur, arriva près du petit malade, le venin avait fait de terribles progrès : les extrémités étaient froides, tout le corps avait pris une couleur bleuâtre, et les chairs étaient tuméfiées. Quelques gouttes d'ammoniaque, qui, administrées à temps, l'eussent sauvé à coup sûr, ne firent qu'allonger d'une heure au plus son agonie. Puis les joues de l'enfant se glacèrent sous les lèvres de la mère ; des joues, le froid passa au cœur, et tout fut dit.

Une heure plus tard, Aïcha traversait le village, portant sous son bras un paquet roulé dans la moitié de la toile qui lui servait de vêtement : c'était le corps de son enfant qu'elle allait confier à la terre. Elle lui creusa une fosse avec ses ongles, y déposa le cadavre après l'avoir lavé de ses larmes, et recouvrit le tout de pierres. Tout entière à son affliction, la pauvre mère ne remarqua même pas le sourire cruel des femmes du village devant lesquelles elle passait : que lui faisait, d'ailleurs, la joie haineuse que son malheur éveillait chez les autres !

La veille du jour de Pâques — on se souvient que nous étions alors en carême — un inconnu parut dans le village. C'était un de ces santons errants si communs de l'autre côté de la mer Rouge, mais qui ne sont pas rares non plus dans le Samhar. De haute taille, l'étranger était vêtu de ce sayon en poil de chameau, sans capuchon et sans manches, que l'on appelle abbayèh. Ce manteau était blanc, à grandes raies brunes. Un chapelet, dont chaque grain était de la grosseur d'une noix, pendait au cou du santon et retombait jusqu'à sa ceinture. Sa main gauche tenait un énorme bâton, tout orné de lambeaux de soie de toutes les couleurs. Enfin une *saumada*, sorte de mouchoir à fond rouge rayé de jaune et de vert, enveloppait sa tête, presque aussi hermétiquement qu'un voile de femme, et ne laissait en évidence que son large front, dont l'arcade sourcillière se projetait fortement en saillie, des yeux dans le fond desquels passaient d'étranges lueurs, et l'origine d'un nez effilé et recourbé comme celui d'un oiseau de proie. Des plis de la *saumada* s'échappait l'extrémité d'une longue barbe d'ébène, ainsi que des mèches de cheveux en désordre, auxquels la chaux vive avait donné une teinte d'un roux ardent. Mais, dans le peu que l'on voyait de sa figure, il y avait je ne sais quel bizarre mélange d'audace et de réflexion, d'indomptable énergie et de douceur.

Le santon s'arrêta au milieu des huttes du village, où chacun vint lui baiser la main et faire cercle autour de lui.

Alors, l'inconnu s'accroupit à terre et tira de dessous son sayon un sac de peau contenant des cailloux diversement colorés, des débris de faïence, des grains de verroterie : il était évident que l'inconnu avait le don de lire les mystères du passé, du présent, de l'avenir, par le moyen divinatoire connu dans tout l'Orient sous le nom de *dharb-er-ramléh*, le jet de sable.

Après avoir promené, à plusieurs reprises, le revers de sa main sur la poussière, pour y faire une petite place unie qui allait lui servir de table, le *saher* (devin) agita le sac et en répandit le contenu sur la terre. A chaque jeune fille, l'oracle promit un beau garçon pour mari ; à chacun des jeunes hommes, une houri pour femme, une lignée de braves, et un troupeau de chamelles plus nombreuses que les étoiles du firmament. Mais quelques matrones durent s'éclipser dans la foule en entendant le magicien révéler certaines infractions à la foi conjugale, entourées pourtant d'ombre et de mystère.

Le tour des hommes vint ensuite.

Le premier qui se présenta fut l'un des notables

de la bourgade, celui-là même qui, aux traces de son pied, avait découvert la retraite du chasseur d'éléphants dans la caverne d'Aïn-Abba.

A sa vue, le devin parut éprouver une violente commotion ; sa prunelle étincela d'un feu sombre, et, en agitant le sac de cuir avant de le vider, ses doigts furent pris d'un tremblement qui n'échappa à personne.

— Tu as voulu consulter le sort ! fit l'inconnu en fixant sur le Bédouin un regard dur et inflexible, tant pis pour toi !... A la porte de la demeure du naïb, il est une main clouée au linteau et qui n'est plus aujourd'hui qu'une main décharnée comme celle des squelettes. Cette main, je la vois se détacher sans que le moindre de ses os blanchis tombe à terre ; je la vois passer dans l'air, invisible pour tout autre, et ses doigts étreignent le manche d'un poignard ! Je te vois couché sur le sable avec du sang à la poitrine ; je vois les matrones danser autour d'un mort, et c'est ta mère qui dit le chant funèbre ! Prends garde, ton jour est proche !

Le Bédouin s'enfuit, frissonnant de terreur, et la foule s'écoula peu à peu.

L'étranger était à peu près seul, quand Aïcha, venant à passer, s'arrêta, et, après un moment d'hésitation, se plaça devant lui.

— Enfin ! murmura le santon en la dévorant des yeux.

Puis, sans même abaisser son regard sur les cailloux éparpillés sur le sable, comme s'il en eût su par cœur l'arrangement fortuit, il ajouta :

— Ce n'est point sur toi que tu as à m'interroger ?

— Ce n'est pas sur moi, répondit timidement la jeune femme.

— Je le savais, fit le saher, comme je sais un nom qui vient souvent bruire à tes oreilles, et réveiller au fond de ton cœur des regrets bien amers.

— Bien amers ! répéta Aïcha comme un écho.

Alors, le doigt du devin errant se mit à suivre les figures bizarres dessinées par les cailloux tombés du sac.

— Vois-tu ce grain de verre bleu ? continua-t-il, c'est toi ; ce grain rouge, c'est lui : séparés depuis longtemps, le grain rouge et le grain bleu vont se réunir. Voici qu'une voile blanchit au loin sur la mer et qu'une barque touche la terre. Je vois aussi un aigle prendre son vol vers la montagne.

— Que dis-tu là ? exclama la jeune femme, que cette mystérieuse promesse venait d'atteindre comme un coup de foudre.

— Tu as bien souffert ; tu as bien pleuré, pauvre femme ! reprit le saher, dont la voix tremblait, et personne n'a eu pitié de ton abandon ; personne, pas même le ciel, qui te prenait ton unique joie en te prenant ton enfant...

— Mon Dieu ! murmura Aïcha, qu'a donc mon cœur qu'il tressaille ainsi ?...

— Mais le dernier de tes mauvais jours est passé, reprit le magicien. L'aigle a retrouvé sa compagne; tous deux s'en iront bâtir leur aire au fond des forêts désertes, en un recoin ignoré qu'habitent seules les bêtes fauves, et duquel n'a jamais approché quiconque tremble au seul rugissement du lion. Là, les jasmins fleurissent en tout temps; là, les oiseaux chantent si bien; là, l'azur du ciel brille à travers le sombre feuillage des grands arbres, ainsi que luit l'espérance qui promet le bonheur !

— Si c'était lui, mon Dieu ! fit Aïcha d'une voix plus distincte, en fixant un long regard sur le santon, qui continua, impassible :

—Ce n'est point encore lui, pauvre femme ! Mais quand, au milieu de la nuit, tu entendras de ce côté le cri de l'aigle, quitte ta hutte, et va à cette voix : ce sera lui alors !

Cela dit, l'inconnu dispersa du pied les cailloux et les grains de verre épars sur le sable, et s'éloigna rapidement vers les montagnes de l'ouest. Sa haute taille commençait à s'effacer dans les rameaux des seyâls, que le regard humide d'Aïcha le suivait toujours : on eût dit que de sa poitrine son cœur était monté à sa prunelle. Quand elle l'eut perdu de vue, elle s'en retourna en pleurant; mais cette fois, derrière ses larmes, on sentait rayonner le bonheur.

II

Par une coïncidence assez singulière, le jour de Pâques tombe chez les Abyssins, comme dans l'Église romaine, le premier dimanche du troisième quartier de la lune qui a commencé en mars.

Or, le jour de Pâques de l'an de grâce 1848 (23 avril), nous n'avions pas encore quitté Eylat, et, afin de ne point déroger à la coutume locale, nous dûmes acheter un bœuf pour nos douze ou quinze domestiques chrétiens, qui venaient de faire un long et rigoureux carême.

Dès le point du jour, le bœuf fut amené près de notre petit camp. On eut le soin de lui tourner la tête du côté de Jérusalem, la ville sainte, et, en lui coupant la gorge, le serviteur chargé des fonctions de boucher ne manqua pas d'invoquer les noms du Père, du Fils et du Saint-Esprit. La viande de tout animal qui n'aurait point été égorgé avec ces précautions serait impure, et un Abyssin refuserait d'en manger, de même qu'il n'accepte rien de ce qu'aurait tué un juif, un musulman ou un païen. Sous ce rapport, les chétiens d'Europe, ne s'astreignant point à ces pieux préliminaires, sont rangés dans la catégorie des mécréants. J'ajoute, afin de n'avoir point à y revenir, que beaucoup d'Abyssins refusent de toucher au porc, que tous ont l'oie, le canard, le lièvre en horreur, et qu'une des plus grossières injures que l'on puisse adresser à un costani, est de lui dire qu'il a communié avec le sang du dernier de ces animaux.

La gorge du bœuf était à peine entaillée, que déjà nos gens en écorchaient les cuisses et, par cette ouverture, taillaient dans l'épaisseur des muscles de longues tranches dont les fibres pleines de vie frémissaient longtemps encore.

Ces viandes toutes chaudes, découpées en lanières et roulées dans un mélange de sel et de piment réduit en poudre, furent distribuées aux assistants. Chacun d'eux en engageait un bout dans sa bouche, et coupait ensuite de bas en haut, en rasant les lèvres, qui avec un coutelas, qui avec un sabre.

On cite, à ce propos, un voyageur européen qui, voulant figurer dignement dans un de ces repas, avait adopté ce dernier mode de tailler des morceaux et réussit à crever un œil à l'un de ses voisins de gauche, que le bout de son sabre atteignit. Quant à nous, nous nous bornâmes au rôle de spectateurs, et pûmes remarquer que le bœuf râlait encore, que ses deux cuisses étaient décharnées et mangées en partie.

Cette sauvage coutume est générale en Abyssinie, ainsi que chez les Gallas, et semble commune à la plus grande partie des races à peau rouge de l'Afrique orientale. Il n'est pas de fête dans toutes ces contrées sans ce régal de chair crue, que l'on appelle *brondo*, et qui n'est, du reste, qu'un hors-d'œuvre. Plus la chair est chaude, plus elle est réputée délicate; dans tous les cas, le sang doit couler des deux côtés de la bouche par les commissures des lèvres. Les Abyssins attribuent à cet usage leur prédisposition au ténia, si commune chez les chrétiens et très-rare chez les musulmans qui vivent à côté d'eux, mais auxquels le Koran interdit toute viande saignante et qui n'aurait point subi une préparation par le feu ou tout au moins par le sel. Aussi, les premiers sont-ils obligés de recourir périodiquement aux puissants vermifuges que fournit la flore des montagnes, et surtout au *kosso* ou fleurs du *brayera anthelmintica*.

Quand chacun eut avalé deux ou trois kilogrammes de brondo, le reste du bœuf fut dépouillé, dépecé et grillé ou bouilli ; et, au bout d'une heure, il n'en resta presque plus rien.

Il est vrai que nous avions eu la visite de deux

azmari (musiciens ambulants) qui vinrent s'arrêter devant notre tente, et, armés d'un violon à une seule corde, improvisèrent une chanson dont voici à peu près le thème : « Après Dieu, il n'est rien de plus généreux que les hommes blancs venus de par delà mer ; donnez-nous une épaule de ce bœuf ! »

On leur octroya l'épaule demandée ; les violons furent relégués dans un coin, et la dissection commença à l'instant même.

L'un des deux virtuoses devait être un maestro méritant toutes sortes d'égards de la part de son compagnon : toujours est-il que celui-ci, après avoir découpé nombre de bouchées de brondo, les lui jeta dans la bouche, l'une après l'autre. Pendant ce temps, le premier, accroupi à terre, se caressait les genoux des deux mains, sans autre fatigue que celle de la déglutition, ce qui devait être toutefois une assez rude besogne, à cause de la rapidité avec laquelle les morceaux tombaient dans ce sac béant.

En Abyssinie, tout homme qui se respecte ne porte jamais ses propres doigts à la bouche et a toujours à côté de lui un ou deux serviteurs que ce soin regarde.

Le brondo avalé, les grillades cuites à point, l'élève gorgea une seconde fois le maître, qui, alourdi par une aussi copieuse ingurgitation de victuailles, s'étendit au soleil dans un état de torpeur complète, et s'endormit en digérant.

Bien que converties à l'islamisme depuis plus de dix siècles, les tribus du littoral ont conservé le plus grand respect pour le jour de Pâques, et se souviennent encore que c'était la grande fête de leurs ancêtres chrétiens. Donc, pendant que l'on faisait ripaille dans notre camp, dans le village il y avait grande chère, chez le plus pauvre comme chez le plus riche, chaque famille ayant tué un ou plusieurs moutons, absolument comme s'il eût été question de célébrer le grand baïram.

D'ailleurs, deux ou trois mariages avaient été ajournés jusqu'à ce jour solennel, et l'on devait manger dix à douze chameaux. Chacun avait mis son plus beau taub, s'était fait peigner de frais, et asperger la tête de gouttelettes de suif. Ce festin homérique attirait une foule d'étrangers qui, rien que pour avoir la permission de se rassasier de viande maigre et coriace, ne manquaient point d'invoquer le titre le plus insignifiant, une parenté au quinzième degré, un léger service rendu au grand-père par l'ancêtre, ou une nuit d'hospitalité accordée au bisaïeul.

Dès le matin, les nouveaux mariés, suivis de parents et d'amis, se mirent en route pour aller chercher leurs futures appartenant à des camps nomades assez éloignés d'Eylat.

En attendant leur retour, les femmes du village firent comme une répétition de l'assourdissant vacarme avec lequel elles comptaient accueillir les nouvelles épouses.

Sur le soir, de trois ou quatre points de l'horizon, parurent des cavaliers montés sur des dromadaires, envoyés en avant pour prévenir de l'arrivée des cortéges. Tout le monde se précipita hors des huttes. Les hommes, armés de leur bouclier et de la zagaie, exécutèrent la danse qui est le prélude de la bataille; les femmes poussèrent le bizarre cri d'allégresse qu'elles semblent avoir emprunté aux femmes arabes, et auquel on ne peut comparer que le gloussement du coq d'Inde, et les vieillards jetèrent en l'air des poignées de sel, ce qui ne peut manquer de détruire tout maléfice sur le passage de l'épousée.

Celle-ci était montée sur un chameau richement harnaché et enveloppée d'un voile impénétrable. Des jeunes gens allaient devant elle, dansant aussi une pyrrhique autour de l'un d'eux grotesquement accoutré d'une natte, et d'une énorme perruque en fils d'agavé; costume obligé du bouffon du clan qui, dans chacune des agrégations de famille composant la tribu, est un personnage aussi indispensable que le cheik, le kadi, le féki ou maître d'école, et le ménestrel.

Enfin, une longue file de chameaux sur le dos desquels des femmes battaient d'immenses timbales à l'aide d'un fémur de bœuf, fermait le cortége.

Arrivés devant les huttes, les chameaux s'agenouillèrent, et l'on conduisit les nouvelles épouses vers leur future demeure; des hommes armés de sabres furent chargés d'en garder la porte. La foule se rangea sous de vastes hangars élevés exprès, autour de sébiles remplies de viande; ceux qui ne purent trouver place recommencèrent à danser jusqu'à ce qu'arrivât leur tour; puis vint une troisième journée qui fut suivie d'autres encore, et cela dura ainsi jusqu'au *magèhb*.

A cette heure, le soleil allait disparaître derrière le mont Baroûk, l'une des plus hautes cimes de cette partie de la chaîne. L'ombre des montagnes s'allongeait rapidement vers le village, que dorait encore un dernier rayon du couchant. Le vent du sud chassait de petites nuées pourpres sur un ciel rouge comme une fournaise.

Quand s'effaça tout cet éclat, les gloussements des femmes, les cris des enfants et le bruit des timbales redoublèrent, comme si ce crescendo formidable eût été un salut à la nuit, attendue avec tant d'impatience par les jeunes époux.

Un peu plus tard, des torches s'allumèrent; les femmes se réunirent alentour, et deux jeunes filles, alternant avec le chœur, entonnèrent l'épithalame populaire.

— Comme mon cœur bat, mère !
— C'est d'amour, jeune fille !

LE CHOEUR.

Le vent souffle tout humide des montagnes, et les fleurs s'ouvrent à son haleine.

— Mère, mon fiancé m'aimera-t-il comme toi?
— L'amour de la mère, c'est la source qui ne tarit jamais.

LE CHOEUR.

Le vent apporte des nuées de beaux papillons aux fleurs amoureuses.

— Et l'amour qu'il me donnera, mère ?
— C'est le torrent qu'ont grossi les pluies d'orage.

LE CHOEUR.

Hâtez-vous d'aimer, petites fleurs et jolis papillons !

— Mère, son amour passera-t-il aussi vite que le torrent?
— Aussi rapide que les eaux d'orage, pauvre fille!

LE CHOEUR.

Voici que se lève le vent maudit qui vient des plaines brûlantes !

— L'abandon ! on doit en mourir, mère ?
— Ce serait encore oublier, et l'on vit pour traîner le regret jusqu'à la tombe !

LE CHOEUR.

Hâtez-vous d'aimer, fleurettes et papillons ; car le vent qui se lève, c'est la mort !

Notre retour à Massouah était décidé, et nous venions de terminer nos préparatifs de départ, afin de nous mettre en route dans la nuit pour éviter la chaleur, qui, à ce moment de l'année, commençait à être insupportable, quand un Bédouin accourut vers notre tente.

Le lion, nous dit-il, venait d'enlever un bœuf ; mais, poursuivi par les pasteurs, il avait abandonné sa proie, vers laquelle il ne tarderait point à revenir, à coup sûr.

Nous résolûmes de tenter l'aventure, et un homme du pays, qui se disait chasseur, lui aussi, parce qu'il possédait un mauvais fusil volé à quelque Arnaute de la garnison turque de Massouah, s'adjoignit à nous pour nous servir de guide.

Tout en chemin faisant, nous combinions notre plan d'attaque. Nous nous embusquions à quinze pas au plus du bœuf mort ; la moitié de notre petite troupe tirerait à cette distance, l'autre garderait son feu pour le cas où l'animal, seulement blessé, viendrait à nous. Le chasseur du pays, surtout, parlait de notre expédition avec la même désinvolture que s'il eût été question d'un lièvre.

C'était au coucher du soleil, et l'on nous avait

dit au village que nous n'avions pas plus d'un quart de lieue à faire. Or, nous marchions depuis plus d'une heure. A cette remarque, le guide répondit qu'il s'était peut-être trompé de sentier, et il changea de direction ; mais cela se renouvela si souvent, qu'il parvint à nous dérouter tout à fait, de façon qu'au bout d'une autre heure nous rentrions au village, précisément du côté opposé au point de départ.

Il en fut quitte pour être rossé par un de nos Abyssins, furieux d'avoir été promené ainsi pendant deux longues heures.

Seulement, le lion que nous avions si bien cherché en pure perte devait venir à nous dans la nuit.

Vers dix heures du soir, un rugissement, puis un second, puis un troisième, se firent entendre, partant de toutes les directions. Un cri d'alarme retentit presque aussitôt. Un de ces animaux s'étant glissé au milieu de l'enceinte dans laquelle on parque les bestiaux, les bœufs s'échappèrent, et, refoulé par les rugissements des lions demeurés en vedette tout autour du village, l'immense troupeau se mit à courir au hasard, à travers les huttes, qui s'écrasaient sous le passage du torrent. Les Bédouins s'appelaient ; les femmes poussaient d'aigres clameurs ; les enfants pleuraient ; c'était une scène à laquelle ajoutait plus d'horreur encore l'ombre d'un grand nuage livide derrière lequel la lune venait de s'éclipser.

Cette irruption de lions nous tint sur pied toute la nuit.

Il ne faudrait pas croire que de pareilles alertes soient rares dans les camps nomades du Samhar. Le plus souvent les lions chassent de concert, et souvent ils se réunissent par bande de dix à douze, les uns quêtant, en donnant de la voix à la manière des chiens courants, les autres attendant dans quelque fourré la proie que le rugissement des premiers pousse vers eux.

Il est une autre scène non moins commune et tout aussi effrayante, que j'ai souvent entendu raconter à des témoins oculaires.

Quelquefois une lionne, tourmentée par une ardeur inquiète, erre au hasard dans la profondeur des forêts. Vaincue par le mal qui la dévore, elle s'arrête rugissant d'amour, hurlant de douleur, tandis que les prétendants grondent, hérissent leur fauve crinière, et s'apprêtent à se déchirer. Bientôt, entre les quinze ou vingt lions réunis sur un espace de quelques pieds s'engage une lutte implacable. Tous ces corps, élastiques comme des ressorts d'acier, bondissent, se heurtent et retombent pour s'élancer encore. Les chairs saignent, les prunelles brillent d'un éclat phosphorescent. L'écho répète cette tempête de rugissements sourds, de grondements étouffés, au milieu desquels la voix de la femelle éclate, pareille au clairon qui anime les combattants. A une lieue à la ronde, les autres habitants du désert prennent la fuite. Pendant que les vaincus s'échappent un à un de la mêlée, la lionne va et vient tout autour du champ de bataille, se frottant aux troncs d'arbres, se roulant sur le sol, ardente, furieuse. Le combat ne cesse que lorsque le sort a décidé en faveur de l'un des amants, qui, meurtri, saignant par toutes ses blessures, s'enfuit avec la lionne, et gagne le recoin le plus isolé de l'immensité des bois.

Nous nous mîmes en route vers les trois heures du matin.

Les marches nocturnes sont, à mon sens, une des plus tristes nécessités de la vie de voyage dans la zone intertropicale, même quand on traverse un pays sûr. Les ténèbres semblent ajouter à la fatigue, à la longueur, aux embûches de la route. L'on songe avec envie à ceux qui, pendant que vous courez par monts et par vaux, dorment tranquillement dans leur lit; le plus bavard est muet à cette heure, et celui dont les jambes ne titubent point sous l'influence d'un demi-sommeil dont on ne peut se défendre, se sent pris de mauvaise humeur. La nuit se peuple d'apparitions, de fantômes bizarres qui vous regardent passer d'un air narquois, et roulent une pierre devant votre pied, ou tendent, à hauteur de votre visage, une branche d'arbre roide et décharnée comme le bras d'un mort. Le *nyctinome* qui chasse aux phalènes, avec son cri semblable à un grincement de dents, et son vol incertain comme l'allure des farfadets, l'hyène qui hurle, le chacal qui vagit ainsi qu'un enfant qui pleure, des *stryx* dont l'œil flamboie, et qui hululent à votre passage; tout cela semble vous poursuivre, et, à votre cerveau où la pensée s'est assoupie, les sens externes ne transmettent plus que je ne sais quelle vague impression de terreur.

Nous cheminions depuis plus de deux heures, quand une faible lueur se fit devant nous, dans un ciel scintillant d'étoiles au milieu desquelles venait de se lever la Croix du sud, cette brillante constellation inconnue à nos latitudes septentrionales. Les arbres frémissaient au vent qui précède le jour; les ramiers commençaient à gémir, et une espèce de coucou, qui s'éveillait en même temps, faisait entendre son cri, que l'on pourrait prendre pour le tintement de la clochette attachée au cou des bestiaux dans quelques contrées de l'Europe. Bientôt le ciel s'illumina de chauds rayons. Alors ce fut un concert auquel chaque brin d'herbe, chaque insecte, chaque oiseau mêla son bruit ou sa voix. Tout dans la nature semble adorer le même dieu que les Guèbres, le soleil.

A notre arrivée à Saati, la tente fut dressée, et chacun fit de son mieux pour rattraper ce que les lions et les quatre heures de marche que nous venions de faire avaient pris de notre sommeil.

Domestiques et chameliers nous imitèrent, si bien qu'au moment de nous remettre en route, vers les trois heures de l'après-midi, il se trouva qu'il manquait un chameau. Tout le monde dut se mettre à sa recherche, et bien nous en prit de songer à notre souper quand les cathas vinrent boire aux sources, un peu avant le coucher du soleil, puisque ce ne fut que bien avant dans la soirée que les Bédouins ramenèrent leur bête. L'animal s'accroupit humblement à côté des autres : on eût dit qu'il était sensible au torrent d'injures dont on l'accablait, et surtout à celle de païen, qui revenait à chaque instant.

J'ai à peine besoin de dire que nous montâmes la garde à tour de rôle.

Il était plus de minuit quand je fus remplacé par un autre, et je commençais à m'endormir, lorsqu'un des chameliers vint me secouer tout doucement et me dire qu'une hyène rôdait autour de nos bêtes de somme. Je n'eus qu'à allonger le bras pour atteindre une carabine toujours couchée à côté de moi sur le tapis. Il me sembla bien entendre le sable crier sous la pression des pattes d'un animal ; mais, ne voyant rien, je me recouchai. Je sommeillais à peine, que le chamelier m'éveilla de nouveau et me dit à voix basse :

— C'est toujours le karaï (nom que l'on donne à l'hyène sur le littoral).

Cette fois, je vis, en effet, passer dans les ténèbres comme une ombre, sur laquelle je tirai à tout hasard, presque au jugé. Au même instant, un corps se roula sur le sol, et nous pûmes entendre le bruit de deux formidables mâchoires qui s'entrechoquaient violemment. Je voulus saisir une zagaie; mais celui à qui elle appartenait, craignant que je ne vinsse à en émousser la pointe, m'empêcha d'en frapper l'animal, qui, bien que blessé à mort, parvint à se traîner jusqu'à des touffes de broussailles dans lesquelles il se perdit.

Au jour, pendant que l'on chargeait les chameaux, je suivis les traces de sang laissées sur le sable, et ne tardai point à retrouver le cadavre d'une hyène de Bruce (*hyæna Brucii*), espèce à laquelle on a donné le nom du célèbre voyageur, qui dit quelque part : « Les hyènes faisaient le tourment de ma vie; elles troublaient mes promenades du soir, et dévoraient tous les jours quelques-uns de nos mulets ou de nos ânes. »

Un préjugé fort répandu en Abyssinie veut que certains hommes, les forgerons, par exemple, qui sont réputés bouda ou sorciers, soient condamnés à se changer en hyènes tant que la nuit dure, et à errer dans les champs à la recherche des cadavres dont elles vivent. De là le mépris et la haine dont les ouvriers en fer sont l'objet. Je n'ai point à rechercher ici d'où vient cette croyance, qui rappelle nos loups-garous; je me borne à faire remarquer qu'à mesure qu'on se rapproche de l'Inde, où toutes les classes d'artisans sont frappées de déconsidération, le nombre des métiers considérés comme infamants se multiplie. Ainsi, dans l'Arabie méridionale, outre les tribus de bohémiens, les schimr, les schafouli, impurs à tel point que l'entrée des mosquées leur est interdite; outre une caste d'ilotes, de parias, connue sous le nom d'akhdam (serviteurs), les barbiers, les tanneurs, les blanchisseurs, les potiers de terre, et ceux qui battent le marfa (tambourin) devant les grands ou dans les mariages, sont méprisés de tous.

Comme les akhdam de l'Yémen, qui, pour le facies, diffèrent évidemment de la race arabe, les Abyssins présentent d'ailleurs tous les caractères physiques des familles à peau rouge de la presqu'île indienne, ce qui viendrait à l'appui d'Hérodote affirmant que l'Égypte fut peuplée surtout par les Éthiopiens de Méroë, venus eux-mêmes des bords du Gange et de l'Indus.

A Mokollo, où l'agent consulaire nous retint à déjeuner, nous trouvâmes un officier de notre marine, M. T. Lefebvre, dont le magnifique voyage, publié par ordre du gouvernement, sera longtemps encore le meilleur livre sur l'Abyssinie.

III

Nous vîmes chez M. D... un Anglais établi depuis plus de quarante ans en Abyssinie, où il a joué un rôle bigarré de bonne et de mauvaise fortune. Ce singulier personnage a nom Coffin.

Midshipman à bord d'un navire de la Compagnie des Indes, il suivit Salt dans son voyage, et entama l'Abyssinie par la route qui part d'Amphilah et monte vers Antalou, la capitale de l'une des provinces du Tigré, en traversant la *plaine de Sel*. Séduit par la vie facile, l'indépendance absolue et la beauté du pays, l'élève de marine fit comme les compagnons d'Ulysse, et oublia sa brumeuse patrie.

En renonçant à la terre natale, Coffin renonçait aussi aux habitudes de l'Européen, et devint bientôt aussi complétement Abyssin que possible. Il désapprit jusqu'à sa langue, et il ne parle plus aujourd'hui qu'un inintelligible jargon dans lequel s'amalgament, au mépris de trois ou quatre grammaires, l'anglais, l'indoustani, l'arabe et le tigréen; en un mot, il n'a gardé de John Bull que la manie innocente de raconter sans cesse comme quoi il reçut le baptême du feu dans je ne sais plus quelle bataille navale.

Attaché à la fortune de Sébagadis, le chef aimé dont les populations tigréennes révèrent encore la mémoire, Coffin guerroya longtemps pour le compte de ce prince ; et Dieu sait combien, à l'entendre, sa carabine aurait expédié de guerriers abyssins. En se donnant la peine de songer un peu aux suites d'une telle destruction, l'on arriverait vite à ce résultat, que le Habesch doit être depuis longtemps complétement dépeuplé. Il en est à peu près de même des éléphants et des lions tués par lui.

Sébagadis lui donna en fief quelques villages dont Antichaou est le plus important ; le schoum écossais put jouer au baron du moyen âge, et mener à la bataille le ban et l'arrière-ban de ses domaines, composé de quelques centaines de coquins en guenilles, et de deux ou trois fois autant de femmes qui jouent dans les combats le même rôle que le chœur dans les tragédies antiques, insultant les fuyards, célébrant chaque coup de lance, consacrant une strophe à la mémoire de chaque brave mort d'une blessure reçue par devant.

Malheureusement, la gloire de Sébagadis passa comme toutes les choses de ce monde. Ses enfants furent dépouillés de leur héritage par Oubié, petit chef des Sémen, qui, à défaut des qualités de l'homme de guerre, possède au plus haut degré l'astuce et la mauvaise foi qui font les hommes d'État. Coffin, enveloppé dans le désastre des princes qu'il servait, fut réduit à la plus affreuse misère. A grand'peine parvint-il à échapper au supplice.

Mais tous les siens ne furent point aussi heureux. Marié à quatorze femmes, — successivement, bien entendu, — et père de toute une tribu d'enfants, le schoum anglais eut la douleur de voir un de ses fils tomber au pouvoir d'Oubié, qui le fit mourir en prison.

Dans l'espoir de recommencer sa fortune, notre homme imagina de retourner en Angleterre. Afin de ne point se présenter les mains vides, — maxime qu'en Abyssinie tout solliciteur ne doit jamais perdre de vue, — Coffin se mit à ramasser des cornes de toute espèce : cornes de bœuf gallas de dimensions gigantesques, cornes d'antilopes de vingt variétés, cornes de rhinocéros, et même de moutons et de chèvres, rien ne fut oublié dans cette collection qu'il comptait offrir, sait-on à qui? à la reine Victoria elle-même !

A son arrivée au Caire, le consul anglais se pâma de rire à la vue de cette innombrable quantité de cornes, grandes et petites, droites ou courbes, ou deux fois infléchies, lisses ou rugueuses, qui devaient valoir la protection spéciale de Sa Majesté Britannique à l'ancien soldat de Sébagadis, et parvint, non sans peine, à renvoyer celui-ci au fond de la mer Rouge avant que le *Punch* eût vent de l'histoire.

Revenu de ses idées d'ambition, Coffin chasse aujourd'hui près d'Alaï, dans les grands bois de térébinthes, peu éloignés de la frontière chrétienne, dont l'entrée lui est interdite. Un vieux domestique, deux énormes chiens des Highlands et sa carabine sont les seuls amis qui lui soient restés fidèles. Le serviteur est en même temps musicien, et souvent je l'ai entendu jouer, sur son violon à une corde, des airs pleins d'une indéfinissable tristesse qui semblaient consoler son maître.

Un des plus grands chagrins du schoum anglais est la mort de son fils, qu'il se reproche comme en étant la cause principale ; et je n'oublierai jamais l'accent d'émotion profonde avec lequel il me dit un jour, en m'empêchant de tirer un jeune vautour que sa mère venait de quitter :

— Si vous saviez combien souffre celui qui a perdu ses enfants !

Un autre jour que Coffin m'avait proposé une partie de chasse dans les environs d'Arkeeko, nous nous mîmes en route dès le matin, suivis de deux dogues et de Kédanou : tel était le nom du vieux domestique.

Je ne tardai pas à me douter que la journée serait mauvaise. Traqué sans relâche par les Nizam noirs, en garnison dans la capitale des Naïb, le gibier était inabordable. — Nous eûmes beau battre les broussailles, courir les ravines, escalader les mamelons grillés par le soleil, Kédanou eut seul le bonheur de tirer un ramier qui couvait.

Midi venu, il fallut gagner une source d'eau saumâtre qui sourd du pied d'une roche. Nos provisions pour le déjeuner se composaient du ramier, qui n'avait que les plumes, la peau et les os; d'un peu de pain de doura aigre et moisi, et d'un appétit aiguisé par cinq heures de marche. Le ramier n'en fut pas moins rôti, et nous nous assîmes trois à l'entour. J'eus l'air d'y goûter, j'avalai deux bouchées de pain, et je m'en allai faire un somme, tandis que l'Anglais broyait les os du malheureux volatile, et que le domestique se contentait de frotter sur l'assiette un oignon dont il avait eu le soin de se munir.

Vers le soir, pour l'acquit de ma conscience, je consentis à un nouvel essai. Nous nous éloignâmes le plus possible, espérant trouver un coin moins battu. Nous y réussîmes presque, c'est-à-dire que, vers les quatre heures, nous finîmes par découvrir un arabat qui pâturait au fond d'une vallée. Chacun essaya d'arriver jusqu'à une portée raisonnable de l'antilope, et, plus jeune ou plus ingambe, toutes les chances semblaient en ma faveur. Je me glissais de broussaille en broussaille, me faisant le plus petit possible, ne posant mon pied sur la terre qu'avec la plus munitieuse précaution, de peur de déranger un caillou dont le bruit eût pu me trahir. J'allais enfin ajuster, quand la gazelle fit un bond prodigieux et disparut. C'étaient les chiens de Coffin qui couraient derrière elle. Un moment je songeai à leur envoyer une balle, mais ce ne fut qu'une tentation à laquelle je résistai. Puis, mettant le chien au repos, et jetant mon arme derrière l'épaule, je repris sans mot dire le chemin du village.

Coffin se décida à m'imiter; Kédanou suivait de loin; les deux dogues qui, après avoir fait lever l'arabat, s'étaient arrêtés à le voir courir, fermaient la marche. Entre moi et mon compagnon de chasse, il y avait deux cents pas à peu près, qu'il ne chercha point à franchir, de peur que je ne lui fisse compliment sur ses chiens; de mon côté, je me gardai bien de ralentir le pas; j'avais besoin d'un peu de temps pour rêver au moyen de prendre ma revanche ou digérer ma rancune.

Le hasard, ce dieu qui ne se manifeste que lorsqu'on ne l'invoque point, ne tarda pas à me fournir une occasion.

Tout à coup, la tête de colonne d'une tribu de cynocéphales déboucha à cent pas au plus en avant de moi dans la vallée que nous suivions, et, en les entendant aboyer, les dogues accoururent. Ils eurent bien l'air d'hésiter; mais, n'apercevant point leur maître, je les excitai de mon mieux, et ils finirent par se lancer au milieu de cette masse compacte. Alors, la colonne se sépara en deux; pendant que les jeunes et les femelles, déjà engagés dans la gorge, se sauvaient à toutes jambes, l'autre moitié fit halte, et, dans l'espace demeuré vide entre les deux tronçons, s'attroupèrent une cinquantaine de vieux mâles, trapus, vigoureux, à longue crinière et à crocs formidables débordant les deux mâchoires. Les chiens eurent beau se défendre, ils furent enveloppés en un clin-d'œil, maintenus par le cou, par les oreilles, par les pattes, par la queue tout à la fois, tandis que d'autres ennemis leur criblaient le râble de coups de dents.

Je jouis une minute du résultat de ma méchanceté; puis, entendant hurler les malheureuses bêtes, et, voyant leur cuir s'en aller en lambeaux, je lâchai un coup de gros plomb au milieu du groupe. Les singes s'enfuirent, les chiens se sauvèrent vers leur maître, et nous continuâmes notre route : Kédanou avait pour un mois de besogne à panser soir et matin toutes ces déchirures.

Un peu après le coucher du soleil, nous étions de retour à Arkeeko, où le souper vint faire trêve à ma mauvaise humeur. Kédanou trouva moyen d'y joindre de l'hydromel passable, qu'il nous servit dans des gobelets de la contenance d'un litre et demi au moins, faits avec des cornes de bœuf gallas, selon l'usage du pays. Nous discourûmes quelque temps encore à l'aide de quelques mots communs à nos deux vocabulaires, et surtout par signes, et nous nous endormîmes sur l'alga couvert d'un cuir de bœuf.

Nous fûmes réveillés dans la nuit par un tumulte insolite. Le feu avait pris à une hutte de chaume, sous le vent de celle occupée par notre hôte. Une vieille femme, qui s'en était aperçue la première, affirmait avoir entendu une voix humaine pousser une plainte lamentable ; en même temps, un inconnu d'une taille gigantesque, monté sur un dromadaire, s'était élancé hors de la chaumière embrasée, passant au milieu des flammes, comme un démon devant lequel elles s'écartaient. Il était vêtu, ajouta-t-elle, d'un abbayéh blanc à grandes raies brunes, et une saumada rouge était roulée autour de sa tête.

Les flammes dévorèrent la première hutte en un clin d'œil ; puis, se couchant sous l'effort du vent, elles rampèrent comme un dragon de feu sur les toits des habitations voisines qui fumaient une seconde sous ce contact et s'allumaient avec des bruits sinistres. L'incendie gagna de proche en proche, à travers l'espace couvert de gourbittes de bois et de chaume, laissant sur ses traces un large sillon noir semé de pièces de bois demeurées debout et brûlant avec une lueur pareille à celles des cierges d'une chapelle mortuaire. Sur le ciel noir montaient de longues colonnes de fumée, dont les replis roulaient des tourbillons d'étincelles, et desquels s'échappaient des réverbérations sanglantes qui illuminaient les plans voisins, et la foule accourue pour suivre de l'œil les progrès du terrible élément. Les flammes ne s'éteignirent que lorsque les dernières habitations placées sous le vent eurent complétement disparu.

Au jour, des centaines de malheureux vaguaient comme des âmes en peine autour des débris fumants de leurs demeures.

Du milieu des décombres, l'on retira un seul cadavre : c'était celui du Bédouin d'Eylat, auquel, la veille de Pâques, le diseur de bonne aventure avait fait cette menace :

« Ton jour est proche, prends garde! »

Effrayé de la prédiction, cet homme était venu s'établir à Arkeeko depuis peu de jours, comme pour se mettre sous la sauvegarde du naïb. Mais rien ne sauve de la destinée, et, quoique la flamme eût dévoré son corps à demi, la poitrine, presque intacte, était rouge de sang et portait un coup de poignard. C'était de son habitation qu'était parti l'incendie.

Une terreur superstitieuse se répandit dans la foule, où chacun se livra à d'interminables commentaires sur les événements de la nuit et sur la mystérieuse apparition de l'homme au manteau blanc, dont la tête était comme voilée par les plis de la saumada.

IV

Les conteurs arabes parlent d'un étrange voyageur, qu'ils appellent Omar-Ozer, pour lequel le temps est comme l'aiguille d'une horloge dont les rouages ne fonctionnent plus ; à qui la terre, ouverte ainsi qu'un lit de repos aux autres hommes fatigués du voyage de la vie, refusera toujours un asile ; qui, depuis dix-huit siècles, marche de l'ouest à l'est, comme un nageur condamné à remonter sans cesse le courant, et qui ne s'est jamais assis au bord de la route sans que d'effroyables douleurs l'aient aussitôt forcé à recommencer le cercle fatal dans lequel il promène son éternel désespoir. Ce pèlerin maudit n'est autre que le Juif errant, qui insulta à l'agonie d'Aïssa le prophète.

Il en est de l'Européen de la zone torride comme

de l'Omar-Ozer des légendes des Bédouins. Pour lui, ne jamais s'arrêter doit être l'unique règle. L'inaction lui serait inévitablement mortelle. Du jour où l'organisme ne serait plus préservé par la fatigue, le climat reprendrait sa funeste influence : un malaise vague, bientôt suivi de symptômes alarmants, précéderait de peu une de ces terribles maladies dont les régions intertropicales semblent être le foyer, et dont la marche désordonnée abat si rapidement les forces morales et physiques.

Un mois s'était écoulé depuis notre retour de la Kolla de Gat-Gat, nous entrions dans la saison la plus dangereuse de l'année, c'est-à-dire la fin des grosses chaleurs. M. Arnaud était au lit depuis quelques jours ; Stéphen, notre hôte, venait de s'aliter aussi ; deux de nos domestiques avaient le croup ; en un mot, j'étais seul debout au milieu de cette sorte d'ambulance. Mon tour ne tarda point à venir, et dès lors personne ne trouva plus assez de force pour donner aux autres des soins qui eussent été si nécessaires à tous.

Chacun de nous éprouvait ce fiévreux désir de mouvement qui s'empare quelquefois des moribonds ; chacun comprenait que s'éloigner des plages brûlantes qui longent la mer Rouge était notre unique voie de salut. Aussi Mohammed Cotten reçut-il l'ordre de nous amener des chameaux, sur lesquels l'on chargea à la hâte quelques bagages; on nous hissa sur nos mules, et nous prîmes la route des montagnes.

Le surlendemain, notre petite caravane s'engageait au milieu d'un chaos de montagnes et de vallées profondes, sillonnées d'eaux courantes et tapissées de la plus luxuriante végétation.

Nous étions encore bien éloignés du point dont nous comptions faire notre quartier général, lorsque, surpris par la nuit, il fallut se décider à camper au fond d'une gorge étroite, encaissée entre deux revers rocheux, à pente presque abrupte. L'on alluma une dizaine de feux autour de notre tente, et nous nous endormîmes au bruissement monotone de la pluie tombant sur la toile qui nous abritait.

Vers le matin, notre sommeil fut troublé par un incident d'abord burlesque, mais qui ne tarda pas à prendre un caractère aussi terrible qu'insolite.

Saisies d'une frayeur dont nous ignorions encore la cause, nos mules avaient brisé leurs entraves et s'étaient précipitées vers nous comme pour demander protection. Bien qu'un lien de cuir maintînt l'un de leurs pieds de devant replié sur le jarret, les chameaux avaient pris le même chemin, en sautillant comme un homme qui marcherait à cloche-pied : si bien que, mules et chameaux venant à s'embarrasser dans les cordes de la tente, celle-ci s'affaissa, et nous nous trouvâmes pris sous la toile, ainsi que des cailles sous un filet. Chacun se dépêtra de son mieux et se glissa dehors par une pluie battante.

D'où venait cette terreur de nos bêtes de somme? Au milieu du bruit, du vent et des gouttes d'eau dans les arbres, d'autres sons vinrent donner à nos Bédouins le mot de l'énigme.

— Les éléphants! les éléphants! s'écria l'un d'eux; hâtons-nous de gagner les collines.

Chacun se mit à l'œuvre; la tente et les bagages furent portés au haut de l'un des revers de la vallée, et les Abyssins y conduisirent les chameaux et les mules. Le déménagement terminé, l'on ralluma les feux, et, en quelques secondes, des jets de flamme de quatre ou cinq pieds de hauteur remplirent toute la gorge de lumière.

Cependant, les éléphants se rapprochaient toujours. Nous tirâmes des coups de fusil en l'air; les Bédouins, appliquant leurs boucliers contre les lèvres, poussèrent des cris auxquels l'espèce de réflecteur acoustique qui les répercutait donnait une intonation effrayante. A ce vacarme succéda un moment de silence, comme si le monstrueux troupeau eût hésité; puis il reprit sa marche, et bientôt sur la place que nous venions d'abandonner roula comme un torrent qui, au lieu d'eau, eût charrié d'énormes quartiers de basalte. La vallée n'offrait qu'une place insuffisante à ces corps noirs qui se suivaient à la file, se poussant les uns les autres avec d'effroyables grognements, avec de grands coups de trompe, qui sonnaient sur les croupes rebondies comme les coups de battoir des laveuses. Leurs pas ébranlaient la terre, la forêt déracinée se courbait sous leurs pieds, d'énormes branches cassaient avec un fracas terrible.

En heurtant les troncs des arbres, les gigantesques animaux imprimaient à leurs cimes des oscillations rapides qui faisaient mugir l'air et lançaient au loin, ainsi que des pierres échappées d'une fronde, les pintades et les francolins endormis dans leurs rameaux. Des hyènes, des chacals s'enfuyaient de toutes parts avec de longs hurlements d'effroi. C'était un tumulte dont rien ne peut donner une idée, et que nos coups de fusil coupaient de minute en minute. On eût cru entendre le canon de détresse retentir au milieu des rumeurs de l'orage.

Le gros de la bande mit plus d'une demi-heure à défiler, encore fut-il suivi jusqu'au jour par des groupes de traînards.

S'obstiner à ne pas céder le haut du pavé aux éléphants eût été notre mort à tous. Nos armes, nos feux, les clameurs de nos hommes, rien ne nous eût empêchés d'être broyés sous cette formidable avalanche. Bien que nous fussions juchés au sommet d'une colline et entourés de feux auxquels les Bédouins arrachaient des tisons qu'ils agitaient en l'air ou qu'ils lançaient dans la vallée, un de ces animaux vint passer si près de nous, que j'eus pu le tirer à bout portant.

Nous dûmes veiller jusqu'au moment de nous remettre en marche. Le départ eut lieu à l'aube, et pendant longtemps des arbres déracinés vinrent à chaque pas embarrasser notre route; partout nous vîmes d'énormes branches abattues, d'autres suspendues encore par l'aubier de l'écorce et menaçant de nous écraser dans leur chute; partout où avait passé le terrible courant, la vallée avait été dévastée comme par la tempête.

V

Sur le soir, nous nous arrêtâmes au milieu d'un col à pente douce, par lequel l'ouadi Dagbi, où nous nous trouvions depuis la veille, communique avec une autre gorge moins importante.

Des nomades avaient dressé leurs tentes sur ce col, que les Bédouins appellent Messâr. Ce village, ainsi que d'autres moins considérables disséminés sur une surface de plus de quarante lieues carrées, était soumis à l'autorité de trois frères, que l'on désignait collectivement sous le nom d'*ouled cheïk Ibrahim*, enfants du cheik Ibrahim, et appartenait à l'une des fractions les plus riches de la grande tribu des Abbabs. Tandis que la population des autres camps ne se composait guère que de pâtres préposés à la garde des troupeaux de la horde, celui de Messâr était, au contraire, la demeure des grands du clan, aristocratie paresseuse, dont les longues journées inoccupées se partageaient entre la sieste à l'ombre des grands arbres, et la prière au bord d'un filet d'eau endormi sur son lit de sable au fond de l'ouadi.

Nous établîmes notre tente à l'entrée du col, près des huttes des Bédouins, en face de sombres avenues de tamariniers et de sycomores, au pied desquels une pelouse toujours fleurie déroulait son velours sur un sol libre de broussailles. Les antilopes de Salt semblaient affectionner ce coin de la forêt; les figues des sycomores y attiraient sans cesse des troupeaux de phacochères, ainsi que des bandes de jolies guenons à pelage verdâtre. Parmi ces dernières, un beau fruit devenait souvent le prétexte de querelles bruyantes, qu'un tiers terminait d'habitude en croquant la figue en litige, ni plus ni moins que chez les humains. Souvent ces agiles quadrumanes faisaient une halte de quelques heures sur ces beaux arbres. Alors, chaque branche horizontale se couvrait de dormeurs; les mères mettaient ce repos à profit pour procéder à la toilette de leur progéniture, et, de loin en loin, quelques jeunes, pris d'insomnie, s'amusaient à troubler irrévérencieusement le sommeil des sachems de la horde, puis se dérobaient à leur mauvaise humeur avec une incomparable agilité.

Des oiseaux de toute espèce hantaient aussi ces arbres séculaires. C'étaient tantôt des merles à plastron blanc, dont tout le reste du corps est du plus beau pourpre à reflets métalliques, tantôt des guêpiers de Lefebvre, ou des *oryx Petitii* écarlates. Vers le milieu du jour, des coucals aux yeux de corail, des colious à huppe bleue, des gazelles d'un blanc immaculé venaient s'abriter du soleil au milieu des tourterelles et des souïs-mangas, dans les rameaux balancés doucement par le vent des montagnes. A la tombée du jour, de grandes grues s'abattaient sur les plus hautes cimes, tandis que des troncs caverneux s'échappaient des stryx, des chevêchettes, de grands hiboux cendrillards (*otus cinerœus*), dont les cris funèbres annoncent la fin prochaine des hommes que la mort a marqués d'un signe fatal.

Quelques-uns de ces arbres étaient la demeure habituelle de merles cuivrés, dont les nids consistent en un amas de bûchettes, d'herbes, de laine, de plumes ; tout cela entassé au hasard sur quelque branche fourchue. D'abord, la cité aérienne se compose d'un étage, d'une seule couche de nids. L'année suivante, les huit ou dix couvées de l'été précédent s'établissent au-dessus. L'édifice s'accroît ainsi jusqu'à ce que, la place devenant insuffisante, force soit au trop plein de la colonie d'émigrer sur une branche voisine. Chacun a sa besogne, chacun a ses affaires parmi cette population au plumage éclatant : l'un couve, l'autre chasse sans cesse un insecte, une graine pour ses petits, auxquels un autre apprend à fendre l'air d'une aile encore mal assurée. Survient-il un ennemi, un faucon, par exemple, à un cri d'alarme, tout ce petit monde s'élance hors de ses demeures, et le bandit, assailli de toutes parts, est bientôt mis en fuite. Mais, si c'est un serpent dont les anneaux se déroulent le long des branches, ceux qui le peuvent s'enfuient à tire-d'aile; les autres, cachés au fond de leur logette, attendent dans un morne silence. Le reptile plonge sa tête par chacune des ouvertures béantes et engloutit à chaque fois un malheureux couple et sa couvée.

Tel était le coin du désert qui servait comme de cadre à notre bivac. La fatigue de la route et le changement d'air avaient suffi à nous guérir tous : aussi songeâmes-nous à reprendre notre vie de chasseurs dès le lendemain de notre arrivée.

A peine les premières lueurs de l'aube avaient-elles blanchi l'azur du ciel, que M. Arnaud et Stéphen gagnaient la partie de l'ouadi que nous avions parcourue en venant, tandis que je m'enfonçais seul au plus épais des bois, en longeant le courant d'eau qui les traverse.

Ici, c'étaient bien toujours des sycomores, des tamariniers, des acacias, des ébéniers, entrelaçant leurs branches, confondant leur feuillage; seulement, au-dessous de cette voûte verte des arbres de proportions moindres, et au-dessous de ceux-ci encore, d'humbles arbustes formaient des fourrés qui eussent été impénétrables, si les eaux grossies par les orages n'eussent laissé çà et là des sillons de galets, sorte d'ambulacres au travers de cette forêt vierge.

Parfois le ruisseau s'épandait en nappes limpides et calmes, à la surface desquelles des renonculacées étalaient de larges feuilles luisantes comme du satin vert. Des flottilles de sarcelles et d'oies du Nil naviguaient gracieusement sur ces petits lacs emprisonnés dans une ceinture de joncs et de roseaux. Dans la feuillée humide, tout un peuple s'éveillait. Des sylvies à courte queue gazouillaient une allègre chansonnette; l'oiseau imitateur poussait un long éclat de rire ou sifflait une gamme joyeuse. La forêt retentissait des cris assourdissants des perruches vertes, et des gobe-mouches tout noirs, réunis sur la même branche, chantaient, avec force contorsions, un chœur que de loin on eût pris pour une sonnerie de clairons.

Quand un rayon de soleil venait à filtrer au travers des branches, dans cette cascatelle d'or fluide, l'on voyait monter et descendre des ichneumons au corselet d'acier bruni, des meleagris à élytres de bronze, des hydaticus galla, des cincidela chamarrés de vermeil et d'outremer. Chaque bouffée de brise éveillait des murmures infinis dans les ombreuses profondeurs et emportait dans sa course comme une pluie de tekonkoula jaune et orange, ou de vanessa-naïb, bariolés d'or et de vermillon.

J'aurais pu tuer des francolins à coups de pied; les pintades n'étaient pas beaucoup plus farouches; à chaque buisson, je voyais des beni-israïl brouter tranquillement les jeunes pousses ou les feuilles nouvelles; à chaque pas, des phacochères, qui ne comprenaient pas que ma présence pût être un péril pour eux, continuaient à fouiller la terre de leur boutoir. Enfin, çà et là les petits sentiers étaient occupés par de jolies mangoustes annelées de noir sur fond brun, qui chassaient aux pintades et aux francolins, dont elles semblent chargées d'arrêter la trop grande multiplication.

Et pourtant le calme dont semblaient jouir les hôtes de ces heureuses solitudes n'était rien moins que réel. Tout d'un coup les pintades et les francolins s'envolèrent bruyamment; les antilopes de

Salt s'éclipsèrent en quelques bonds, et le même sentiment de terreur dispersa les lourds troupeaux de phacochères. Les *mones* poussaient des cris d'effroi en se réfugiant sur les plus hautes branches; et, comme s'ils eussent partagé la panique générale, les oiseaux eux-mêmes s'attroupaient avec des clameurs discordantes.

Une minute plus tard, une lionne, débouchant d'un immense fourré, passait à cent mètres de moi d'un pas lent et grave, comme il convient au roi du désert parcourant son domaine. Le redoutable animal boitait d'une jambe de devant.

Par respect pour les devoirs de l'hospitalité, que nous ne voulions point dénier aux animaux inoffensifs, il avait été convenu qu'on ne tirerait pas un seul coup de fusil à une certaine distance tout autour de notre tente; or, il y avait longtemps que j'étais hors de la limite fixée. En moins d'une demi-heure, j'eus abattu une suffisante quantité de petites gazelles, de pintades, de francolins, plus un sanglier, patriarche d'une nombreuse famille, par laquelle le mort fut entouré, et que mit en fuite la vue du sang jaillissant de sa blessure.

Un vieux mâle demeura seul près du cadavre, le tourna et le retourna à l'aide de son boutoir, puis se campa devant lui, huma l'air un instant, et se rua sur moi la hure basse, les longues soies qui marquaient son épine dorsale hérissées comme les piquants d'un porc-épic. Une balle, qui lui fracassa le crâne, l'arrêta court à vingt pas du premier.

En arrivant à la tente, j'envoyai des chameliers ramasser les deux phacochères, qui ne devaient pas peser moins de six à sept cents livres. A leur retour, tous les badauds du village accoururent. Mon adresse n'était pour rien dans mon bonheur à la chasse, cela va sans dire; mais l'on convint à l'unanimité que mon fusil devait être excellent, et plus d'un lui jeta un long regard de convoitise. Je parlai de la lionne que j'avais rencontrée dans le bois.

— C'est la boiteuse, s'écria-t-on de toutes parts.

— Et tu es bien heureux d'en être quitte à si bon marché! ajouta l'un des enfants du cheik Ibrahim, en m'expliquant comment cette lionne avait eu une jambe de devant presque hachée par un coup de sabre, et comment celui qui lui avait fait cette blessure avait été dévoré par elle.

De ce jour, la boiteuse, comme on l'appelait, avait pris tant de goût à la chair humaine, qu'elle ne vivait guère que de malheureux attardés loin des villages. Depuis que la tribu occupait l'ouadi, une vingtaine d'hommes avaient été mangés par le formidable animal. Chacun tremblait de la rencontrer sur son chemin, et, pour faire taire les enfants, les matrones ne manquaient jamais de les menacer de son intervention.

Dans l'après-midi, au moment où je déroulais mon tapis pour dormir un somme, un agazoïn mâle, descendu de l'un des revers entre lesquels se creuse la vallée, traversa au petit pas l'espace de terrain libre qui nous séparait de la forêt, et se perdit au milieu des sycomores; il était évident qu'il gagnait l'aiguade.

Je m'élançai sur ses traces, en compagnie d'un Bédouin qui portait ma carabine.

Après avoir bu, le condoma gagna un mamelon conique, et se coucha sous des ébéniers qui en occupaient la cime.

Les flancs de la montagne étaient complétement nus, et n'importe le côté par lequel je chercherais à l'aborder, aucun de mes mouvements ne pouvait échapper à l'agazoïn. Je me mis à gravir la colline, non point en allant directement au but, mais en m'en rapprochant, en louvoyant et *boitant bien bas*.

Dès mes premiers pas, le va et vient des mâchoires de l'antilope, qui ruminait, s'arrêta brusquement; puis je la vis se lever et allonger curieusement la tête vers moi. Quand un autre crochet m'eut rapproché de lui davantage, l'animal poussa un mugissement sourd. Je me couchai à plat ventre et marquai un temps d'arrêt, dont le Bédouin profita pour me conseiller de renoncer à cette chasse.

— Tu as affaire à un mâle, me dit-il à mi-voix; s'il n'a déjà pris la fuite, c'est qu'il sera le premier à nous attaquer. Prends garde!

Je haussai les épaules et commençai un nouveau crochet qui devait me conduire à peu près à quatre-vingts mètres de l'agazoïn.

Au moment où je m'agenouillais pour tirer plus sûrement, l'antilope poussa un mugissement plus sourd, plus bref que le premier. Ses naseaux s'ouvrirent tout grands; le piétinement de ses jambes de devant trahissait son impatience; ses yeux, fixés sur moi, étincelaient, et ses immenses cornes tordues en spirales brillaient au soleil comme deux lames de crik malais.

Le chamelier me suppliait de nous en aller au plus vite, au moment où, mon œil venant à rencontrer l'épaule de la noble bête au bout de mon fusil, le coup partit. La détonation n'avait pas cessée, qu'aussi rapide que la balle, l'agazoïn s'était élancé sur nous par un bond démesuré. Je croyais ne pas l'avoir atteint, quand nous le vîmes rouler à terre, se coucher sur le flanc et glisser comme un corps inerte, sans que rien l'arrêtât sur la pente rapide de la montagne. Il arriva mort au pied de la colline.

Le Bédouin remerciait le Prophète de l'avoir

délivré des cornes de l'antilope, que je ne pouvais me lasser d'admirer. Et pourtant, dans mon bonheur, qu'un chasseur peut seul comprendre, il y avait ce regret pénible, ce sentiment de douloureuse pitié dont on ne peut se défendre à la vue d'un être auquel Dieu avait donné en partage la beauté et la force, et dont un peu de plomb a brisé le mystérieux ressort que l'on nomme la vie.

Il fallut un chameau et une douzaine d'hommes pour transporter ma victime jusqu'au camp. Les oisifs du village accoururent une seconde fois, et le chamelier conta, à qui voulut l'entendre, le péril imminent auquel nous venions d'échapper comme par miracle, lui et moi. Je me gardai bien de le démentir. Ici, un fusil dont on se sert passablement, et un brin de réputation de bravoure, sont un talisman infaillible qui coupe court à bien des mauvaises intentions, et, par suite, éloigne bien des périls.

En quelques heures, j'avais abattu plus de trente quintaux de viande. Aussi nos gens se préparaient-ils à inaugurer ce premier jour de chasse par un festin homérique. Je fis pourtant mettre à part un des deux sangliers, qui, exposé tout le jour aux rayons du soleil, afin d'en hâter la putréfaction, devait me servir d'appât pour tuer des hyènes.

Le soir se fit. — Au jour qui venait de finir dans

la pénombre d'un crépuscule de quelques minutes, succéda une nuit splendide ; la pleine lune monta dans un ciel où l'œil eût cherché en vain un flocon de vapeur. Ce que les aspérités des montagnes pouvaient avoir de dur s'effaça sous les rayons d'argent qui donnèrent un calme infini aux grandes masses du premier plan, et dessinèrent à l'extrême horizon le pâle fantôme des chaînes plus reculées.

C'était l'heure où l'Afrique s'éveille pour le plaisir, sous son beau ciel tout brillant d'étoiles, au milieu de ses forêts enveloppées de fraîcheur, de parfums, de doux mystères.

Tout autour du camp nomade se formèrent des groupes bruyants : hommes, femmes, enfants, chantaient en battant des mains la mesure, ou jouaient, ou riaient aux éclats. Plus près de notre tente, quelques jeunes gens accroupis à terre faisaient cercle autour d'une jeune fille qui dansait. Mohammed Cotten tirait de sa lyre informe des notes que l'art n'assemblait pas sans doute par des combinaisons bien savantes, mais qui étaient comme autant de voix dont les unes éclataient comme une cantate de folle ivresse, tandis que d'autres pleuraient d'amour, ou se pressaient, rapides et légères, comme les mouvements de la danseuse, pauvre esclave appartenant à l'un des cheiks de la tribu.

Dans le désordre de la danse, le taub blanc qui enveloppait Salouma (tel était le nom de la jeune fille), venant à s'entr'ouvrir ou à quitter ses épaules, laissait voir tantôt son ample poitrine, tantôt sa taille souple qui se tordait comme un serpent, ou sa jambe fine et ronde que terminait un pied d'une petitesse extrême. Ses grands yeux dardaient des éclairs magnétiques; son sein se soulevait tumultueusement; ses cheveux dénoués ruisselaient en une profusion d'anneaux d'ébène autour de son cou, et il en tombait des feuilles de basilic, des fleurs blanches de jasmin, unique et éphémère parure de l'esclave. Les assistants poussaient des *ah!* admiratifs; leurs regards semblaient s'allumer aux regards de la danseuse, et, quand elle s'arrêta épuisée, des applaudissements frénétiques éclatèrent comme un tonnerre.

Lorsque les yeux et les chansons des Bédouins cessèrent, les trois plus brillantes étoiles de la grande Ourse, notre horloge nocturne, indiquaient, en s'inclinant vers l'ouest, que plus de la moitié de la nuit venait de s'écouler. Après les voix humaines, ce furent les voix du désert qui montèrent dans le calme de la solitude. Selon les caprices de la brise, le murmure du filet d'eau voisin s'éteignait tout à coup, ou se rapprochait en grossissant, comme si la source eût coulé dans le tuyau de mon oreille. Tantôt c'était le cri des rapaces nocturnes, ou la plainte des vanneaux, ou le fracas des chutes d'eau dans les montagnes; tantôt le lointain rugissement des lions ou les mille bruits dont les éléphants remplissent l'ouadi. D'autres fois, une ombrette, *scopus umbretta*, battait des ailes sur son nid, et poussait un cri bizarre, pareil au son strident d'une plaque métallique que l'on frapperait avec une verge d'acier, et qui se répétait de proche en proche comme le cri de veille se transmet de sentinelle en sentinelle.

J'étais accroupi, depuis une heure, derrière l'embuscade, à cinquante pas de laquelle j'avais fait traîner le cadavre du phacochère, lorsque tous les échos de la vallée retentirent de hurlements, auxquels répondirent d'autres hurlements du fond de la gorge voisine. Des chacals se hasardèrent d'abord entre la forêt et le village; puis ce furent des hyènes, qui arrivèrent en quêtant comme des chiens de chasse. L'immonde troupeau grossissait à chaque instant, et à chaque instant passait et repassait devant moi, aspirant l'air et flairant les émanations du cadavre. Alors, c'était un chœur effrayant de ricanements sinistres, de bruits de mâchoires qui s'ouvraient et se refermaient à vide. Les faméliques animaux s'élancèrent enfin vers l'appât offert à leur voracité.

Un éclair jaillit du canon de ma carabine, dont la détonation couvrit tous les autres bruits, et l'innombrable meute s'évanouit comme une légion de fantômes. Une hyène était tombée et se roulait sur le sol, en mordant sa blessure pour en arracher la balle ; elle alla mourir à cent pas de là.

Troublé un instant par l'explosion, le calme de la nuit ne tarda pas à se rétablir plus profond, de même qu'au moment où l'on éteint une lumière, les ténèbres semblent plus épaisses durant quelques secondes. Avec le calme, recommença l'éternelle complainte que le vent chante dans les bois. Mais bientôt le col fut envahi une seconde fois par les hyènes, qu'un second coup de fusil mit en fuite.

Je ne regagnai la tente qu'après en avoir tué quatre. Ces animaux appartenaient à la variété dite tachetée, la même que le *crocotas* de Pline, dont le naturaliste latin affirme, comme les Troglodytes de nos jours, que chaque individu est mâle pendant six mois et pendant six autres mois femelle.

VI.

En remontant l'ouadi Daghi, l'on arrive en trois heures de marche au haut d'une montagne couverte d'épaisses forêts.

Là commence une terrasse qui s'incline doucement vers l'ouest, jusqu'à une ravine étroite au fond de laquelle glissent, comme une couleuvre bleue, les eaux d'une source invisible sous la feuillée dont la voilent des sycomores séculaires. Les troncs de ces arbres géants ont souvent plus de dix pieds de diamètre ; sur presque tous pousse un autre arbre parasite dont les branches, parties de la racine comme d'un centre, s'étendent en tout sens ainsi que les rayons d'une toile d'araignée, se relient l'une à l'autre par des branches secondaires qui s'anastomosent avec les tiges principales aussi bien qu'entre elles, et forment ainsi un réseau à mailles irrégulières appliqué sur le tronc nourricier.

La surface supérieure de ces branches se recouvre d'une multitude de bourgeons qui se déploient en quatre ou cinq grandes feuilles, ou s'allongent en un rameau grêle et débile que courbe vers le sol le poids d'un chapelet de fleurs, d'un blanc de neige, grandes comme les tulipes du magnolia.

Cette terrasse porte, je ne sais pourquoi, le nom de Cheik-Felfil (Cheik du Poivre). Quand nous la visitâmes, elle était occupée par un camp relevant de celui de Messâr, et consistant en une trentaine de huttes habitées par des familles de pâtres dont les troupeaux de bœufs, perdus le jour au milieu des hautes herbes, se pressaient la nuit dans l'intérieur d'un immense cercle de feu.

Par delà le lit de la source se dresse une montagne plus haute, dont la large croupe masque quelques-uns des anneaux de la chaîne de pics d'azur qui se déroule à l'infini, du nord au sud. La forêt monte à perte de vue sur cette pente très-déclive : partout ce sont des arbres gigantesques qui s'élancent tout d'une venue, jusqu'à ce que, arrivés à un certain niveau, leur cime se trouve exposée à l'air et à la lumière. Alors seulement se développe une exubérance de rameaux et de feuilles se disputant une place au soleil ; au-dessous, hors les rejetons destinés à remplacer un tronc tombé de vieillesse, tout est condamné à mourir dans une ombre éternelle.

A cette époque de l'année, la forêt était en fleurs ; groupés suivant certaines conditions d'exposition et d'altitude, les végétaux s'échelonnaient en zones différemment colorées par la floraison.

Ainsi une bande violacée enveloppait la base de la montagne; plus haut, des arbres, couverts de longs chatons, secouaient au vent des nuages de pollen d'or; plus haut encore, c'étaient des orangers et des citronniers, au-dessus desquels on eût dit qu'il avait neigé.

Chacune de ces zones avait ses oiseaux qui ne pouvaient empiéter sur le domaine des autres sans que des attroupements innombrables, des clameurs sans fin, vinssent protester contre cette violation de territoire. Quelques espèces seules jouissaient du privilége d'une neutralité complète. Tels étaient le touraco vert, à ailes cramoisies, qui hante les fourrés les plus épais, et les grands calaos, auxquels les Abyssins donnent le nom d'abda-gomba; ce dernier parcourt lentement les clairières, faisant entendre à chaque pas un cri étrange, que la singulière excroissance en forme de tambour qui surmonte la base du bec, et dans laquelle viennent s'ouvrir les narines, modifie de manière à lui donner le retentissement d'un coup de baguette frappé sur une grosse caisse.

Vers midi, tous ces oiseaux affluaient vers la source. A la même heure, les mones, les cynocéphales, les phacochères, des agazoïns mâles, précédant fièrement tout un sérail de femelles, prenaient la même route. Le reste du jour, chaque feuille sèche, bûchette flottant à la surface de l'onde limpide, se chargeaient de papillons qui, eux aussi, venaient aspirer leur gouttelette d'eau. Par places, ces bûchettes s'arrêtaient, comme une flottille à l'ancre, devant quelque obstacle, ou, poussées par l'action du vent sur les ailes brillamment colorées des lépidoptères, s'en allaient aborder, avec leurs beaux passagers endormis, au fond de quelque anse parée des grandes fleurs d'une magnifique iridée.

Les béni-israïl n'arrivaient point jusqu'à cette montagne, au pied de laquelle s'arrêtait leur domaine. Ils y étaient remplacés par le sassas des Abyssins, qui n'est autre que le klipp-springer, ou l'oryx-oreotragus des naturalistes.

La taille du sassas est supérieure à celle de l'antilope de Salt ; ses formes sont plus lourdes ; sa tête, surmontée de deux petites cornes, rappelle un peu celle du porc ; son pelage verdâtre se compose d'un duvet soyeux et fin, et de poils rigides et cassants. En définitive, il s'en faut de beaucoup que cette antilope ait rien de l'élégance particulière aux animaux de cette tribu. Mais, si la nature lui a refusé la grâce, comme compensation elle lui a donné une agilité qui ne le cède ni à celle du chamois des Alpes, ni à celle de l'izard des Pyrénées. Les sassas ne quittent guère les revers des montagnes hérissées de rochers inaccessibles, séparées par des vides profonds, qu'ils franchissent d'un seul élan. Surpris par l'homme, leurs troupeaux se dispersent en un clin d'œil, avec de longs sifflements d'effroi. A les voir bondir à dix pieds au-dessus des hautes herbes, on dirait ces légions de sauterelles que le pied du passant fait jaillir du milieu des humbles graminées de nos prairies.

Dans le village de Cheik-Felfil, nous retrouvâmes une de nos anciennes connaissances ; je veux parler d'Aïscha, dont le mari vivait à l'abri des rancunes du naïb, au milieu de cette tribu qui, depuis bien des années, guerroyait sans cesse contre les chefs d'Arkeeko.

Aïscha n'était plus cette malheureuse femme haïe des uns, méprisée des autres, abandonnée de tous, que nous avions connue à Eylat. Une expédition audacieuse avait enrichi le jeune couple et ajouté à la terreur qu'inspirait à ses ennemis l'ancien chasseur d'éléphants.

Voici à peu près ce qu'Aïscha raconta elle-même à M. Arnaud :

Par une soirée du mois de novembre, un troupeau de chamelles appartenant au naïb, et se montant à cinq ou six cents têtes, quittait les montagnes pour gagner les kollas inférieures, reverdies par les pluies. Au souffle du vent du sud, de grands nuages cuivrés s'amoncelaient sous un ciel blafard, le tonnerre grondait, la pluie commençait à tomber par torrents. Les pâtres se résignèrent à camper au milieu de la plaine; quelques huttes furent dressées en un clin d'œil, et les Bédouins coururent s'y abriter, tandis qu'un seul des leurs surveillerait le troupeau. L'homme de garde s'accroupit sur le sable, et, pour accourcir les longues heures de la nuit, entonna une interminable chanson.

En ce même moment, un cavalier, dont le dromadaire décrivait un vaste cercle autour du campement, semblait épier les mouvements des gens du naïb; puis ce cavalier mit pied à terre, abandonna sa monture dans un repli du terrain, se dépouilla de l'abbayèh jeté sur ses épaules, et se coucha à plat ventre sur le sol trempé de pluie. Un millier de pas le séparait des huttes, vers lesquelles il se mit à ramper, pareil à un reptile géant, au milieu des flaques d'eau qui s'amassaient sous la cataracte tombée du ciel. Il employa plus d'une heure à franchir cette distance.

Arrivé près du camp, ses précautions redoublèrent, et il lui fallut un autre quart d'heure pour se glisser derrière un chameau contre lequel s'était adossé le gardien, qui chantait toujours. Se levant alors par un mouvement rapide comme la pensée, le rôdeur nocturne saisit à la gorge le pâtre, qui n'eut pas même le temps de pousser le cri d'alarme, et dont les membres se détendirent bientôt, après s'être crispés un moment sous la puissante étreinte de cette main de fer. Le mari d'Aïscha était ce terrible rôdeur de nuit.

Cela fait, le manchot arracha aux gommiers nains quelques épines longues et dures; puis, allant à un chameau, il le débarrassa d'abord de ses entraves et lui enfonça dans le globe de l'œil une de ces épines. Cette opération, il la répéta une vingtaine de fois, et toujours sur des animaux tournés du même côté de l'horizon. Les malheureuses bêtes s'échappaient en bramant de douleur et couraient toutes dans la même direction. Quand la dernière eut quitté le gros du troupeau, le mari d'Aïscha se prit à crier à deux ou trois reprises :

— Les voleurs ! les voleurs !

Les Bédouins, réveillés en sursaut, prirent leurs zagaies et s'élancèrent sur la trace de leurs chameaux, qu'une course furieuse emportait dans les ténèbres, et qu'ils ne pouvaient suivre qu'en se guidant sur leurs cris désespérés.

Pendant qu'ils couraient d'un côté, le mari d'Aïscha revenait au camp par le côté opposé, sautait sur la croupe d'un dromadaire en poussant le cri auquel les nomades habituent leurs bestiaux à accourir, et partait de toute la vitesse de sa monture, entraînant tout le troupeau à sa suite.

Les gens du naïb se lassèrent inutilement à poursuivre les quelques chameaux qui fuyaient devant eux. De retour près de l'enceinte vide, à la vue de leur camarade mort, dont le cou portait en noir l'empreinte d'une main de géant, un cri de rage s'échappa de toutes les poitrines.

Tous se mirent aussitôt à la recherche de l'audacieux bandit; mais, par cette nuit noire, il leur fallut un temps considérable pour retrouver ses traces. Le jour se leva, que c'était à peine s'ils étaient parvenus à recueillir une cinquantaine de chamelles vieilles ou malades, qui n'avaient pu suivre le reste du troupeau, tandis que le manchot était depuis longtemps arrivé à Messâr avec son riche butin.

Aïscha était donc devenue une des plus riches matrones de la fraction abbab qui avait donné asile à son mari; et pourtant, jusque dans son sourire, il y avait un air de tristesse profonde. Tout lui était présage de malheur. Un bracelet d'argent, par lequel son mari avait remplacé ses pauvres bracelets de verre, s'était rompu sans qu'elle sût comment. Les ibis chevelus, ces dieux de l'ancienne Égypte, qui, selon les Bédouins du Samhar, portent bonheur à la hutte sur laquelle ils se posent pour passer la nuit, semblaient fuir la sienne, ou, s'ils s'y posaient, ils s'envolaient aussitôt, bien que la jeune femme chantât sa plus douce chanson pour les y retenir. Si elle traversait la vallée, il y avait toujours un pic, que l'on appelle ici *aïssa* (Jésus), qui criait à sa gauche. Enfin, si elle s'asseyait sous quelque arbre dont les fleurs s'épanouissaient joyeusement au soleil, bientôt une rafale accourait du fond de l'horizon, les rameaux de l'arbre se tordaient au souffle de la tempête, et les petites fleurs tombaient de leurs tiges. Le vent lui-même semblait prendre une voix pour lui dire à l'oreille :

— Ainsi s'en iront tes jours de bonheur, Aïscha!

La jeune femme pressentait une catastrophe prochaine. Mais comment lui viendrait-elle ? Terrible problème qui occupait chacune de ses heures, qui éloignait le sourire de ses lèvres, le sommeil de ses yeux, et dont elle cherchait la solution avec tout ce que Dieu avait mis en elle d'intelligence et d'amour; car elle comprenait instinctivement que c'était dans son amour qu'elle serait frappée, et, la nuit, elle se surprenait à rêver d'un cadavre qu'elle lavait. Tout en remplissant ce triste devoir, les strophes d'un myriologue montaient de son cœur à ses lèvres, qui les répétaient, et les vagissements des chacals, le cri sinistre des hyènes, la plainte du vent dans la montagne, répondaient à sa douleur, comme les lamentations des pleureuses à gages répondent aux sanglots des parents du mort.

Toutefois, ce profond chagrin, ces larmes, qu'elle ne parvenait pas toujours à dévorer, n'avaient fait qu'ajouter à la beauté d'Aischa; son regard avait pris plus de douceur, sa voix vibrait plus pénétrante, et ses mouvements avaient de ces écarts fiévreux qui lui donnaient une grâce de plus; en un mot, la tristesse lui était ce qu'est la coquetterie aux autres femmes.

La veille du jour où nous devions quitter Cheik-Felfil, arrivèrent, des villages de la frontière chrétienne, des costanis qui chassaient au miel déposé dans les vieux troncs d'arbres par des essaims d'abeilles sauvages.

Pour cette récolte, les montagnards, associés par petites troupes, s'enfoncent au milieu des forêts les plus épaisses, sans autres provisions qu'un peu de farine. Chaque matin, les chasseurs se mettent en quête, guidés par un singulier auxiliaire, le *coucou indicateur*. L'un d'eux imite le chant doux et sonore de l'oiseau, qui ne tarde pas à y répondre, puis s'envole doucement d'arbre en arbre. Les chasseurs, embarrassés par un obstacle, font-ils fausse voie, l'indicateur revient à eux, n'avançant qu'à mesure qu'ils avancent, s'impatientant quelquefois, mais ne les abandonnant jamais. Arrivés au terme de leur course, le coucou se pose sur l'arbre dont le tronc vide recèle tout un trésor de miel, et attend patiemment que ses alliés aient retiré les rayons de l'immense ruche:

Ces expéditions ne sont point sans péril. D'abord, les bois de la frontière sont incessamment parcourus par des partis de maraudeurs ; ensuite, on gagne souvent des fièvres dangereuses dans ces forêts, où des gaz délétères, résultant de la décomposition de débris de toutes sortes, saturent un air emprisonné sous une voûte de feuillage ; enfin, ces mêmes forêts abondent en serpents dont la morsure est mortelle. Quelquefois aussi, s'il faut en croire les Abyssins, il arrive que le coucou, frustré de la part de miel qu'on lui laisse d'ordinaire, ou la trouvant trop mesquine, se venge de cette ingratitude en conduisant ses alliés à deux pas de quelque lion auquel il faut alors livrer bataille.

Ce fut par ces singuliers chasseurs que nous parvinrent les premiers bruits d'une guerre dont je raconterai bientôt les désastres.

Mais, avant de promener le lecteur à travers ces scènes de deuil, il me reste à dire quelques épisodes de notre séjour dans ces montagnes.

Les incendies qui se déclarent fréquemment au milieu des grandes forêts d'Afrique ne doivent pas toujours être mis sur le compte de l'homme. Un coup de tonnerre peut embraser un arbre mort et couvert de lichens ou de plantes parasites desséchées par l'été ; deux branches qui se touchent et s'usent en jouant l'une contre l'autre sous l'effort continu des courants d'air peuvent s'embraser à la longue ; enfin, la combustion peut être déterminée par la fermentation dans ces épaisses couches de détritus végétaux accumulés sur certains points. Ce fut probablement sous l'influence de l'une de ces causes que le feu se développa dans les bois qui entourent l'étroite terrasse du Cheik-Felfil.

C'était un peu avant la nuit. Une immense colonne de fumée monta verticalement, jusqu'à ce que le poids de ces vapeurs, venant à égaler celui de l'air ambiant, la colonne s'épandit en un dais de brumes ardentes. Quand la nuit fut complète, le ciel, du côté où la main du hasard avait allumé l'incendie, s'illumina de lueurs fauves : on eût dit qu'un autre soleil allait se lever de ce point de l'horizon. Plus tard, une langue de feu se dressa au sommet de chaque colline et se changea bientôt en une gerbe de flammes. Les revers des montagnes exposés au vent furent en un instant couverts d'une nappe de feu ; le creux des vallées se remplit, au contraire, de vapeurs sombres : c'était alors comme une mer noire semée d'îlots en ignition. L'incendie se propageant avec une rapidité effrayante, nous pouvions entendre les sourdes rumeurs des flammes, le fracas des arbres à demi consumés s'abattant sur les arbres voisins ou roulant au fond des précipices, le petillement du bois vert se tordant au contact du terrible élément, le frémissement des filets d'eau se desséchant au passage de ces vagues incandescentes. Sous l'action du vent, la nappe de feu se déroula au loin et grandit comme une marée qui monte, chassant devant elle des myriades d'animaux effarés, tandis que dans le ciel passaient des nuées d'oiseaux qui criaient de terreur.

Heureusement pour les Bédouins, leurs troupeaux étaient réunis à cette heure autour de leurs huttes, et, comme nous, comme tous les êtres animés qui peuplaient les bois, ils purent fuir ces lieux, sur lesquels allait passer le déluge de feu.

VII

Notre retour à Messâr coïncidait précisément avec le premier jour de la lune nouvelle.

En apercevant la ligne d'argent par laquelle le disque de l'astre nocturne se dessinait dans un ciel d'où se retirait la lumière solaire, un Bédouin se mit à claquer des mains et à pousser des cris de joie.

A ce signal, tout le village se répandit hors des huttes, et hommes, femmes, enfants, esclaves, debout et les yeux fixés sur le pâle croissant suspendu au zénith, le saluèrent de leurs cris d'allégresse, de leurs bruyants applaudissements. Chez les hordes du Samhar, cette scène se répète à chaque nouvelle lune et semble n'être, ainsi que les *néoménies* du peuple hébreu, qu'un souvenir du culte rendu au satellite de la terre dans les temps les plus reculés.

En décrivant le col de Messâr, j'ai négligé de dire qu'il se trouvait à quelques pas du village un tamarinier, sentinelle avancée de la forêt, dont les branches projetaient sur la terre un vaste cercle d'ombre. Depuis quelques jours, cet arbre s'était transformé en une sorte de tente. Des paquets de zagaies étaient appuyés contre son tronc; des sabres, des boucliers étaient suspendus aux rameaux, à portée de la main. Des hommes, que nous n'avions point encore vus, et qui semblaient ne pas avoir d'autres demeures, allaient, venaient ou dormaient à l'ombre de cet immense parasol. La nuit, une soixantaine de ces mêmes hommes s'y rassemblaient autour de grands feux, auxquels ils cuisaient leur pain ou grillaient des quartiers de mouton et d'énormes tranches de bœuf.

Ces honnêtes étrangers n'étaient autres que des voleurs, dont l'air farouche que leur donnaient leur chevelure inculte, leur teint de bronze antique, les cicatrices qui balafraient leur figure, contrastait singulièrement avec leur obéissance respectueuse aux moindres ordres de leur chef. Celui-ci était, au contraire, un beau jeune homme, en qui, à sa tête rasée que garantissait des ardeurs du soleil une calotte indienne aux mille couleurs, il était facile de reconnaître le pèlerin qui a accompli ses dévotions aux lieux saints de la Mecque et de Médine.

Comme je rentrais un jour de la chasse, je trouvai deux ou trois de ces hommes autour de M. Arnaud, que la fièvre retenait sous la tente. Un de ces misérables lui signifiait d'avoir à leur donner du riz, de la farine et du café, ajoutant que, pour les deux premiers de ces articles, ils attendraient jusqu'au soir, mais qu'il leur fallait le café immédiatement. Ils avaient, disaient-il, livré bataille ce matin-là même à des costanis qui portaient du grain à Massouah, en avaient tué un et leur avaient pris un bœuf, qu'on voyait, en effet, tout dépouillé et suspendu aux branches du tamarinier. Au refus de M. Arnaud, l'insolent coquin ne répondait qu'en répétant sa demande sur un ton de menace.

J'eus l'air de n'avoir pas entendu, et, reculant jusqu'à un amas de bois apporté pour la cuisine, j'y choisis une branche assez droite, sur le bout de laquelle je posai mon pied pour l'écourter et en faire un bâton d'une longeur raisonnable, avec lequel je me glissai une seconde fois sous la tente.

La discussion continuait ; M. Arnaud appelait *chiens* ses visiteurs. Les voleurs s'obstinaient à ne pas sortir sans avoir obtenu ce qu'ils demandaient. Il était temps de recourir aux grands moyens ; le gourdin que je m'étais fait s'abattit sur la tête du bandit qui criait le plus, et qui s'affaissa comme un bœuf sous le maillet du boucher.

Sûr que celui-là se tiendrait tranquille un moment, je ne m'occupai que des deux autres, qui s'enfuirent en hurlant, pendant que le premier, revenu à lui, détalait en douceur par l'autre bout de la tente. Cette petite exécution n'avait pas pris plus d'une minute, et c'était tout au plus si nos Abyssins s'étaient aperçus de la fin de la scène.

Cependant, il y avait tumulte sous le tamarinier; les battus faisaient mine de détacher leurs boucliers, de prendre leurs zagaies; le plus grand nombre proférait des menaces ; quelques-uns seulement riaient aux éclats. Mais tout le monde se tut en me voyant aller droit au chef, qui se leva et ajouta, en me tendant la main, le sélam-aleikoum d'usage.

— Garde ton salut, dont je ne veux point, lui dis-je.

— Que veux-tu, alors ?

— Rien, si ce n'est que tu dises à tes hommes que je casse la tête au premier qui s'approche à cent pas de notre tente. Puis, comme j'ai besoin d'une peau de voleur, je lui promets de l'écorcher et d'oindre son cuir de préparation arsenicale pour faire pendant à celui du porc qui sèche là-bas au soleil !

Ni le chef ni les hommes sous ses ordres ne soufflèrent mot. Cette démarche de ma part n'était pas tout à fait une bravade. Nous n'étions que douze hommes, dont huit seulement armés de fusils ; en cas de collision, il n'était pas douteux que les gens du village ne se missent contre nous. Il fallait donc jouer quitte ou double ; je venais de gagner la partie. Je le répète, une contenance ferme, un peu d'audace même dans certains moments, produiront toujours le meilleur effet sur des hommes comme ceux que nous avions pour voisins.

D'ailleurs, la moindre faiblesse eût pu nous devenir fatale, le départ de la tribu qui campait auprès de nous allant nous laisser seuls avec les bandits au milieu de solitudes sans bornes.

En effet, peu de jours après notre retour de Cheik-Felfil, les vieillards et les notables du village de Messâr quittaient leurs huttes vers le soir pour aller s'accroupir en cercle autour des trois frères que l'on appelait les enfants du cheik Ibrahim.

A vingt pas de ce cercle, des jeunes gens armés s'accroupirent aussi en tournant le dos aux anciens, et formèrent une enceinte bien plus grande, qui avait pour but de tenir les curieux à une distance telle, que pas un mot de ce qui serait dit dans ce conseil en plein vent ne pût être entendu du dehors.

Ces dispositions prises, l'aîné des trois frères, qui remplissait les fonctions d'iman, récita le fatha, en tenant la paume des mains ouvertes tournée vers lui et à hauteur de sa barbe; les autres l'imitèrent et répétèrent d'une seule voix l'amin final; après quoi, l'on introduisit le mari d'Aïscha.

L'ancien chasseur d'éléphants dénoua l'un des coins de son taub, et en tira une feuille de papier couverte d'écriture arabe, qui fut lue à haute voix.

Alors, la discussion s'ouvrit, chacun donna son avis, et, au bout d'une demi-heure, la séance se terminait par la prière du maghreb, faite en commun.

Si secret que fût tenu le résultat de cette délibération, il transpira pourtant, et nous sûmes que, dans la nuit, des courriers allaient être expédiés vers tous les camps de la horde, afin que les pâtres eussent à amener leurs troupeaux dans les deux jours qui suivraient. Au troisième, la tribu tout entière se mettrait en marche pour effectuer son mouvement de retour vers Barka et les montagnes des Abbabs.

Ce même soir, nous fûmes tout étonnés de voir Salouma, l'esclave de l'un des cheiks de la tribu qui dansait si bien, se glisser furtivement dans notre tente. Après quelques questions insignifiantes, elle nous conseilla de ne point prolonger notre séjour à Messâr après le départ des camps voisins. Les bêtes fauves, trouvant partout à vivre aux dépens du bétail des Bédouins, laissaient en ce moment un peu de repos aux hommes ; mais, le bétail parti, elles deviendraient terribles. En outre, l'ouadi Daghi étant l'une des routes les plus directes et les plus faciles entre toutes celles qui relient l'Amacen au littoral, nous pouvions compter que les voleurs campés sous le tamarinier y séjourneraient longtemps encore ; d'autres bandes de malfaiteurs, qui jugeaient à propos de se tenir à l'écart pour n'avoir pas à rendre compte de certains vols commis au détriment des Ouled-Cheik-Ibrahim, viendraient immanquablement se joindre aux premiers, de telle sorte qu'en admettant que nos fusils nous missent entièrement à l'abri d'un coup de main, nous n'en serions pas moins tenus de ne pas quitter notre tente et de passer chaque nuit à veiller.

Mais ce conseil, que Salouma croyait pouvoir

nous donner, n'était qu'une manière d'introduction. Elle finit, en effet, par me prier de lui tuer une corneille à scapulaire blanc, posée à cinquante pas de notre tente.

J'acquiesçai à cette bizarre fantaisie, et Salouma courut ramasser le malheureux oiseau, auquel elle arracha la langue ; puis, la posant sur quelques charbons ardents qu'elle aviva de son souffle, l'esclave suivit avec la plus grande anxiété les mouvements du lambeau de chair, qui crépita un moment au contact du feu et se réduisit en quelques atomes de charbon. Alors, la jeune fille foula aux pieds le cadavre de la corneille, l'accabla de malédictions, s'arracha les cheveux, se déchira les tempes avec ses ongles et s'éloigna désespérée, nous laissant tout stupéfaits de cette scène dont nous cherchions le sens.

Mohammed Cotten vint à notre secours.

— Salouma, nous dit-il, a une amourette, sur le résultat de laquelle elle vient de consulter le sort. Les corneilles à scapulaire blanc savent tout, et l'heure à laquelle nous devons mourir, et l'insuccès qui est au bout de nos efforts, et la fatalité qui doit briser nos plus douces espérances ; seulement, ce sont des êtres capricieux, auxquels il faut arracher la langue pour en obtenir une réponse. Jetée sur la braise, si cette langue brûle avec un peu de flamme, la réponse est favorable ;

mais, si elle ne fait que noircir et se charbonner, c'est un présage de malheur.

Aussi, ce soir-là, les habitués de son petit cercle entourèrent-ils en vain la jeune fille : ni la pâle et mystérieuse clarté de la lune, ni l'enivrante senteur des forêts apportée par la brise, ni les prières des jeunes hommes, rien ne put décider Salouma à danser. Demeurée seule enfin avec l'un d'eux, on l'entendit éclater en reproches où il y avait autant de passion exaltée, furieuse, que de douleur et de colère.

Quelques mots de son amant suffirent à apaiser cet orage, et l'esclave, dont ces mots avaient dissipé les craintes, riait aux éclats, en maudissant l'oiseau dont la langue perfide avait menti ; puis, revenant à ses terreurs, la jeune fille sanglotait, en accusant son amant de ne plus l'aimer. Tous deux s'éloignèrent bientôt lentement du village, et disparurent du côté de l'ouadi, où le filet d'eau roule avec un éternel murmure. Le jour se leva sans que Salouma reparût ; le soir vint sans la ramener au camp. Il était évident qu'elle s'était enfuie : ainsi, au temps des amours, les oiseaux s'enfoncent par couples au milieu des forêts, où le printemps s'est chargé de préparer le lit nuptial. Le cheik auquel elle appartenait ne fit pas la moindre démarche pour la retrouver.

— Elle est Bischari, se bornait-il à dire, et personne ne peut se vanter d'avoir gardé longtemps une esclave de cette race indomptable, dont les enfants eux-mêmes se laissent mourir de faim plutôt que de supporter la servitude.

Le jour fixé pour le départ de la horde était venu. Un peu avant midi, dans tous les camps qui, depuis la veille, étaient venus occuper les points de l'ouadi laissés à nu par la forêt, les huttes s'abattirent. Les bagages furent chargés sur des bœufs ainsi que sur des chameaux. Quelques-uns de ces derniers animaux portaient sur leur croupe une sorte de dais autour duquel retombait une tenture de tapis, d'étoffes de soie, d'indiennes brillamment peintes : ceux-là étaient réservés pour les riches matrones. Les notables, précédés par deux cheiks qui, pour ce grand jour, avaient revêtu le caftan en drap rouge, devaient marcher en avant, afin de marquer les étapes. Puis venait une colonne dont la confusion offrait le coup d'œil le plus pittoresque : c'étaient d'immenses troupeaux de chameaux, de bœufs, de moutons, de chèvres, conduits par des pâtres armés de zagaies, de boucliers en peau d'éléphant, de massues d'ébène, et dont l'accoutrement bizarre ajoutait à leur tournure sauvage. Ces hommes, disséminés au milieu des bestiaux, étaient suivis de femmes au costume non moins étrange et de légions d'enfants nus, que de grandes jeunes filles, nues aussi, poussaient devant elles. Le plus jeune des trois frères et les guerriers de la horde voyageuse, montés sur les meilleurs dromadaires, devaient former l'arrière-garde, fournir d'éclaireurs les flancs de la colonne, ramasser les traînards, et se porter partout où se présenterait la moindre apparence de danger.

La tête de cette immense colonne s'ébranlait au moment même où je me mettais en quête de quelques pintades pour notre repas du soir. Un Bédouin, sur la bravoure et le dévouement duquel je pouvais compter, m'accompagnait ; à lui s'était joint un de nos serviteurs abyssins, qui n'était guère qu'un enfant de treize à quatorze ans ; tous deux étaient armés de fusils. Le premier s'appelait Amer; Fakadou était le nom du second.

Ce soir-là, une promenade plus longue que de coutume me conduisit dans une partie de la vallée qui m'était encore inconnue.

De toutes parts, des troncs aux proportions colossales, enveloppés d'une végétation parasite qui leur faisait un ornement aussi étrange que gracieux, se dressaient comme les colonnes informes d'un temple sans fin. A de longs intervalles, un arbre, mort de vétusté, laissait à la voûte de sombre verdure une trouée par laquelle tombait d'en haut, tantôt un rayon de soleil sous lequel mille plantes se hâtaient de fleurir, tantôt une sorte de cascade de lianes aux sarments gris et tordus, ainsi que des serpents, aux grandes fleurs pareilles à des cornets de velours grenat. Partout ailleurs régnait une demi-lumière calme, mystérieuse comme les ombres incertaines enfermées depuis des siècles dans les typhonium de l'ancienne Égypte. En s'engageant sous ces arbres, le vent y réveillait des voix surnaturelles, ou faisait mugir les troncs caverneux, comme les tuyaux d'un orgue géant. Tout un peuple invisible chantait, rugissait, pleurait autour de nous. L'esprit de Dieu remplissait ces ténébreuses profondeurs, comme aux premiers jours il errait à la surface des abîmes.

Je n'étais pas seul à éprouver ce sentiment de religieuse terreur, dont on ne peut se défendre au milieu des grandes forêts africaines. Amer, d'ordinaire aussi loquace que les oiseaux qui s'agitaient au-dessus de nous avec des cris assourdissants, ne parlait plus depuis une heure; Fakadou se serrait contre nous, n'osant tourner la tête en arrière, de peur de se voir suivre par quelque redoutable apparition.

Tout à coup, le chamelier et l'Abyssin s'arrêtèrent, me montrant du geste un groupe d'hommes assis au pied d'un arbre. C'étaient sept ou huit des voleurs avec lesquels nous partagions le désert depuis le départ des camps abbabs. De leur côté, les bandits nous avaient reconnus, et nous ne tardâmes point à remarquer que plusieurs d'entre eux prenaient leurs armes et s'éclipsaient dans les fourrés, tandis que deux ou trois seulement continuaient à faire semblant de dormir.

Ce mouvement éveilla en nous des soupçons sous l'influence desquels je me hâtai de couler une balle dans chacun des canons de nos fusils; je renouvelai l'amorce des pistolets passés à ma ceinture, et Amer s'assura que la lame de son long sabre droit, presque aussi lourd que nos épées à deux mains du moyen âge, jouait facilement dans sa gaine de cuir. Puis nous reprîmes notre route.

Amer avait des yeux de lynx, et, ce qui doit revenir au même, Fakadou avait peur. Je n'avais donc pas à craindre d'être surpris par les voleurs que je m'attendais à voir se dresser de derrière chaque tronc d'arbre. Y compris mes pistolets, j'avais sept coups à tirer; Amer était brave et maniait aussi bien que qui que ce fût le sabre droit et le bouclier en peau d'éléphant. Je comptais, en outre, sur l'effet moral que devait produire sur nos agresseurs la chute de sept ou huit des leurs, avant même qu'ils pussent nous aborder à portée de zagaie.

— Maître, entendez-vous siffler par là? me dit Fakadou au bout d'un instant.

— Ce sont des perruches, répondit pour moi le

chamelier, en me faisant du coin de l'œil un signe presque imperceptible.

— Des perruches! reprit l'Abyssin; est-ce aussi une perruche qui répond à l'autre maintenant ?

— Sans doute, continua Amer.

— Alors, en voilà encore une qui parle derrière nous.

Rien de plus naturel, Fakadou : ce bois est plein de perruches, auxquelles Dieu a permis de siffler et même de parler tant qu'elles voudraient.

Ici, je sentis la main droite d'Amer serrer mon avant-bras gauche, et, du doigt, le chamelier me montra, comme un point noir qui venait vers nous, le sommet de la tête d'une homme dont tout le reste du corps était masqué par la broussaille. La crosse de ma carabine vint se placer pour ainsi dire d'elle même contre mon épaule droite, mais le point noir avait disparu tout à coup, et, n'eût été une légère ondulation dans les tiges des arbustes entre lesquelles il se glissait, rien n'eût trahi les mouvements de retraite du brigand.

Nous venions d'atteindre l'arbre au pied duquel trois des malfaiteurs étaient toujours occupés à dormir ; le chef était de ce nombre, et, pour le retirer de ce sommeil, d'autant plus profond qu'il était feint, il fallut le heurter rudement du pied. Le bandit se souleva à demi, d'un air qui jouait assez bien l'étonnement, mais qui se changea en une affreuse grimace lorsqu'il sentit le bout du canon de mon fusil effleurer sa tempe. Le coquin, tremblant comme la feuille, bégaya quelques mots inintelligibles.

— Misérable! lui dis-je, rappelle les chiens que tu as lâchés après nous dans ces fourrés.

— *Na! na!* (Venez! venez!) cria à plusieurs reprises le bandit, que la peur du fusil tenait toujours immobile.

Cinq hommes accoururent.

— Est-ce-là tout ton monde? demanda Amer.

— Oui; les autres sont à une journée d'ici.

— Ah! et tu as cru qu'il suffisait de sept gueux comme toi pour venir à bout d'hommes comme nous? Insolent!

Et, en même temps que la dernière syllabe de sa phrase, Amer laissa tomber un coup du plat de son sabre, qu'il n'avait pas même tiré du fourreau, sur la face du bandit, dont le sang jaillit aussitôt par le nez et par la bouche.

Par un mouvement irréfléchi, dont je me repentis ensuite, je me plaçai entre le chamelier et e chef des voleurs. Celui-ci, profitant de cette circonstance, s'enfuit en emportant un superbe coup de poing qu'Amer trouva moyen de lui envoyer par-dessus mon épaule. Les autres l'imitèrent, tandis que Fakadou, rassuré par ce dénoûment auquel il était loin de s'attendre, insultait à leur retraite par un long éclat de rire. Une minute plus tard, nous eussions pu nous croire seuls au milieu de l'ouadi.

Que la seule vue de nos armes eût suffi à disperser les voleurs, certes, ce n'était pas merveille; mais je m'attendais peu à trouver à mon fusil quelque chose de pareil à la vertu de la baguette magique à l'aide de laquelle le bateleur arabe métamorphose en une énorme calebasse la datte qu'il a jetée au fond d'un sac vide.

Je venais de tirer un béni-israïl, dont la tête seule était apparente au bord d'un hallier de peu d'étendue, et, bien convaincu qu'il n'avait pas dû échapper à mon plomb, j'allais le ramasser en toute assurance. Que l'on juge de ma surprise, lorsqu'à un grand bruit qui se fit le fourré s'agita comme si le sol eût tremblé, puis les branches s'écartèrent, et une monstrueuse tête d'éléphant se dressa au-dessus de l'endroit où la petite antilope s'était évanouie comme si la terre l'eût dévorée, ou plutôt comme si elle se fût grossie aux gigantesques proportions du colosse que je trouvai à sa place, et qui s'échappa en courant, mais qui reprit bientôt une allure ordinaire, honteux sans doute d'avoir pris la fuite devant un ennemi aussi chétif que moi. L'éléphant gagna un autre fourré, et s'y arrêta à se frotter contre les troncs d'arbre, dont la rude écorce fut bientôt polie jusqu'à 12 pieds de hauteur.

J'allai à lui en rampant sur le ventre au milieu des hautes herbes, suivi d'Amer, qui me portait un fusil de rechange. Arrivé à cinq ou six mètres du hallier, je me soulevai lentement sur mes genoux.

L'animal se grattait toujours aux arbres avec un bruit pareil à celui d'une scie. Quelquefois il s'arrêtait un moment pour arracher des branches grosses comme le bras, que ses puissantes mâchoires broyaient avec une aisance parfaite, ou dont il se servait comme d'un chasse-mouche que sa trompe agitait tout autour de lui. Ses oreilles, qu'il employait au même usage, jouaient sans cesse et battaient incessamment ses omoplates de leur large éventail. Sillonnée de profondes éraillures sur lesquelles s'abattaient des nuées de moucherons, sa peau rugueuse frissonnait sous ces myriades de petites trompes qui buvaient son sang. La vaste croupe du colosse, la partie supérieure de ses épaules et la tête étaient seules visibles. J'appuyai mon coude gauche sur le genou du même côté et j'ajustai au défaut de l'épaule.

J'avais à peine lâché mon coup, qu'un effroyable cri sortit du fond de la poitrine de l'éléphant, qui chancela comme un homme ivre et s'enfuit, tandis qu'un long jet de sang s'épanchait de l'ouverture faite par la balle; sa trompe fouettait l'air, et ses immenses oreilles s'élevaient et s'abaissaient par un mouvement rapide.

Amer mit un autre fusil dans la main que je lui tendais; l'éléphant n'était pas à vingt pas de moi, qu'une autre balle l'atteignit derrière l'oreille et pénétra dans le cervelet. L'animal roula lourdement sur le sol avec un cri suprême, plein de désespoir et de douleur. Il était mort.

Alors seulement Fakadou se hasarda à venir nous rejoindre. Dans son pays, me disait-il, celui qui tuait un éléphant, de même que celui qui tuait un lion, était de droit chef de quarante hommes dans les jours de bataille; or, il ne se souciait pas de mériter, à son âge, un aussi dangereux honneur. Tel était le motif pour lequel il avait jugé à propos de se tenir à l'écart.

Amer, au contraire, avait bravement mis le sabre à la main pour arrêter au besoin la colère du monstre en lui coupant le jarret. Son aide me devenant inutile, après m'avoir embrassé l'épaule, ce qui était sa manière de me féliciter, il alla à l'éléphant, dont les petits yeux avaient déjà pris cet aspect terne et vitreux qui, dans le cadavre, remplace l'éclat de la vie, et l'injuria en le frappant du pied à la tête et en crachant dessus.

— Tu as fui comme un chien, lui disait-il; tu n'avais rien du courage qu'ont ceux de ta race, et c'est pour ta lacheté qu'ils t'ont banni du troupeau. Maintenant, les hyènes dévoreront tes chairs, les chacals déchireront ta trompe inutile, et ton crâne blanchi n'abritera que des nids de scorpions.

Il fallut renvoyer au lendemain à dépouiller notre victime de ses défenses, que j'évaluai à quarante livres pesant chacune, et de son cuir, que mon intention était d'abandonner à Amer; puis nous reprîmes le chemin de la tente, où nous n'arrivâmes que vers les neuf heures du soir.

Nous y trouvâmes tout le monde doublement inquiet, d'abord à cause de notre absence, puis, parce qu'il s'était tenu sous l'arbre des voleurs une sorte de conseil de guerre, à la suite duquel toute la bande avait subitement disparu. Nos chameliers leur supposaient des intentions hostiles, qui, en mon absence, se fussent peut-être traduites par des faits, si quatre de nos domestiques et Mohammed Cotten ne fussent rentrés ce soir-là même de Massouah, où ils avaient été renouveler certaines provisions. Ce renfort était d'autant plus précieux que les quatre Abyssins étaient excellents tireurs.

Amer raconta notre rencontre avec les voleurs, et Mohammed Cotten fut d'avis qu'il fallait redoubler de vigilance.

Nous doublâmes nos feux, que l'on rejeta à plus de soixante pas de la tente, pour que leur clarté nous révélât tous les mouvements de l'ennemi sans trahir les nôtres. Les hommes armés de fusils reçurent de la poudre et des balles, et, à l'heure ordinaire du repos, chacun eut l'air de s'endormir, tandis qu'en réalité nul ne devait fermer la paupière.

Rien, jusqu'à deux heures après minuit, ne vint justifier les précautions prises. A cette heure, du côté de l'emplacement du village sur lequel les Bédouins avaient abandonné des amas de ramée, au-dessus des mille petites voix de feuilles sèches éveillées par le vent, l'un des nôtres crut entendre chuchoter des voix humaines.

Dépouillant aussitôt son taub, dont la blancheur l'eût trahi, le chamelier se glissa hors de l'enceinte de notre camp par des mouvements de reptile qui n'avaient rien dont l'œil ou l'oreille pussent être frappés. Vingt fois cette manœuvre s'était répétée en pure perte, mais, à la vingt et unième, notre éclaireur se replia en toute hâte.

Tout autour de nous des coups de sifflet répondaient à un coup de sifflet qui semblait être un signal. De notre côté, les chiens des fusils se relevèrent avec un cliquetis de fer, et la minute qui suivit, chacun l'employa à parcourir des yeux l'espace ouvert devant lui. Au bout de cette minute, il sembla à l'un de nos Abyssins qu'une ombre glissait lentement sur la terre, et, à tout hasard, il lâcha sur cette ombre douteuse un coup de fusil chargé de chevrotines. Une plainte humaine, aiguë, prolongée, suivit l'explosion. Tous nos hommes se dressèrent brusquement ; les Abyssins répondirent à ce cri lamentable par des hourras de triomphe, tandis que les Bédouins, le bouclier au poing, le sabre nu, bondissaient comme des panthères furieuses, pirouettaient sur eux-mêmes, poussant leur cri de guerre et jetant un défi à nos ennemis invisibles. Puis tout retomba dans le solennel silence du désert, dans lequel naissent et s'éteignent pour renaître encore les bruits incertains que la brise, cette âme de la nuit, fait jaillir d'un coup d'aile.

Un peu plus tard, des bandes d'hyènes et de chacals envahirent le col, qu'elles parcoururent dans toutes les directions : les voleurs s'étaient retirés, et, pour le moment, nous étions les seuls êtres humains sur ce point.

Toutefois, les Bédouins prétendirent que le danger n'était point passé, et que les bandits choisiraient pour nous attaquer la dernière heure de la nuit, alors que nos paupières, fatiguées par l'insomnie, se fermeraient irrésistiblement.

Pendant que la moitié de nos hommes s'arrangeaient pour dormir, les autres s'accroupirent en cercle autour de l'un d'eux, qui se mit à improviser une longue chanson avec une facilité qui n'est nullement rare, et qui tient autant à la simplicité du rhythme qu'à la souplesse avec laquelle les mots de cette langue poétique se prêtent aux modifications réclamées par l'exigence de la mesure.

Dans cette interminable improvisation, le barde consacra une strophe à chacune de nos chasses; l'éléphant tué la veille en prit deux, sans doute en raison de son volume; puis il célébra les qualités par lesquelles se distinguait chacun de nos Abyssins, dont l'un était un rhinocéros pour la force; un second, un lion pour le courage; un troisième, un aigle pour l'acuité du coup d'œil, ou un sossa des montagnes pour l'agilité. Passant ensuite à ses camarades, il dit la noblesse de leur race, qui remontait jusqu'aux héros des anciens jours, dont la mémoire s'est perpétuée à travers les âges, et raconta les exploits de chacun de nos hommes. Enfin, en poëte bien élevé, il termina modestement par décliner les titres que lui-même pouvait faire valoir pour qu'un jour son nom fût mêlé au nom de tant de braves dans le chant des rapsodes à venir.

Voici, du reste, comme échantillon, les trois premières strophes de cette mélopée sauvage :

« Qui donc rôde autour de nous avec les chacals affamés, avec les hyènes immondes? Quel est ce cri de femme en couche qui a répondu au tonnerre de nos fusils? Vous qui suivez la femme qui pleure ainsi, dites un myriologue et creusez une fosse.

» Qu'a donc à faire ce lâche dans l'ouadi, qui est le domaine du lion et de l'éléphant, et ou chaque feuille voile un danger de mort? Mieux eût valu que sa mère lui eût donné les jambes des gazelles ou l'aile rapide du catha!

» Mieux eût valu pour lui ne jamais quitter son village si calme et sa vie si tranquille, près d'une esclave qui eût lavé ses pieds tous les matins, non loin de la mosquée, sur la natte où chacun dort après que l'iman a nasillé la prière de midi! »

Le reste de la nuit s'écoula sans autre incident. Dès que le jour parut, l'on courut à l'endroit sur lequel l'Abyssin avait vu passer le rôdeur que son plomb avait atteint; il était couvert de sang dans lequel une main convulsive avait laissé des traces bien reconnaissables.

Le bandit avait-il succombé à sa blessure? Nous ne le sûmes jamais.

Plus tard, je m'acheminai, avec quelques hommes armés et un chameau, vers le point de la forêt où, la veille, nous avions abandonné le cadavre de l'éléphant. Il y était toujours, mais les mâchoires avaient été brisées à coups de hache, afin d'arracher les défenses de leurs alvéoles. Il fallut retourner à notre tente comme nous étions venus. Seulement, ce vol, qui ne pouvait être que le fait des malfaiteurs qui avaient disparu depuis la veille, allégeait notre conscience de tout remords à l'endroit du sang humain versé par nous la nuit précédente.

VIII

Nous séjournâmes à Messâr huit jours encore, après lesquels, à cause des pluies longues et froides, qui revenaient fréquemment (nous étions alors à la fin de décembre), il fut décidé que nous porterions ailleurs notre tente et nos pénates.

En exécution de cette décision, prise à l'unanimité, notre petite caravane s'achemina vers le village d'Assouz, par une de ces brillantes matinées où la pluie de la nuit et la fraîcheur de la verdure, qu'elle a ranimée, donnent au soleil des tropiques un éclat plus doux; mais, en traversant la kolla qui sépare le pied des montagnes du village stable près duquel nous devions camper le soir, la chaleur était si intense, les couches d'air qui oscillaient à la surface de la terre avaient de si fatigantes réverbérations, il y avait quelque chose de si importun dans le cri-cri des cigales et dans le bourdonnement de grosses mouches vertes dont cette atmosphère en feu semblait être l'élément, qu'une halte sous un mimosa moins chétif que les gommiers nains, sous lesquels la plaine disparaît comme sous les vagues d'une mer grisâtre, fut décidée aussi à l'unanimité.

Les Abyssins déroulèrent leur couari sur les seyàls, les chameaux allongèrent leur long cou sur le sable brûlant, et nous nous endormîmes, hommes et bêtes, jusque vers les trois heures.

Au réveil, il se trouva que nos poires à poudre et nos poignards arabes (*djambiéh*), accrochés au rameau de l'arbre sous lequel nous avions fait notre sieste, avaient disparu. Quel était le voleur qui, pour des objets d'une valeur si minime, n'avait pas craint de se glisser au milieu d'une quinzaine d'hommes armés? Nous ne le sûmes qu'à notre arrivée à Assouz, dont le cheik vint nous rapporter ce qui nous avait été dérobé, et nous offrir en même temps un mouton et du miel de la part de l'homme qui avait commis ce petit larcin.

Ce singulier voleur, qui semblait n'exercer un aussi honorable métier que pour son plaisir, et qui, à la restitution du butin acquis au péril de sa vie, ajoutait encore un cadeau, était tout simplement le fils du chef le plus riche et le plus puissant de la horde des Siaous. A la veille de se marier, et par déférence pour une coutume immémoriale particulière à certaines tribus troglodytes, le jeune homme avait dû donner aux parents de sa future une preuve éclatante de son courage et de son habileté. Sa qualité de fils d'un grand chef et ce sentiment de respect pour lui-même qu'a si bien formulé ce vieux dicton : *Noblesse oblige*, lui interdisait les épreuves ordinaires, consistant à dérober un mouton ou un bœuf à quelque malheureux pâtre; il lui fallait une action d'éclat qui le rehaussât aux yeux de tous. Il s'était donc mis en tête de pénétrer en plein midi au milieu de nous pour nous soustraire quelque chose que chacun pût reconnaître comme appartenant à des hommes redoutés à trente lieues à la ronde pour l'excellence de leurs fusils. Cette entreprise menée à bonne fin, qui oserait dénier au brave son droit à l'amour de la jeune fille ?

Quant au cheik, la mission délicate dont il s'était chargé eut un succès complet : il n'y avait pas moyen de garder rancune à un aussi honnête voleur, auquel les éphores de Sparte eussent décerné une récompense.

Ce même soir, un de nos amis d'Eylat vint nous proposer une excursion jusqu'à Barka, magnifique vallée que traverse un courant d'eau, et où nous trouverions des éléphants, des rhinocéros, des buffles non moins redoutables. Nous acceptâmes, et, comme il était question de partir dans la nuit, les Abyssins et les chameliers reçurent l'ordre de tout disposer pour le départ. Cet ordre souleva une explosion de murmures, surtout parmi nos chrétiens, qui, les uns après les autres, vinrent nous remettre leurs armes et nous déclarer qu'ils nous quittaient.

Les tribus abbabs, nous disaient-ils, étaient célèbres pour leur fanatisme farouche et leur haine séculaire contre les costanis; nous y serions assassinés à coup sûr, et leur dévouement pour nous n'allait pas jusqu'à partager notre martyre. Mais le motif réel de leur refus n'était autre que la lassitude et le dégoût de la vie errante et pleine de périls qu'ils menaient avec nous.

L'Abyssin à demi nu, que la faim force à quitter ses montagnes pour venir chercher fortune à Massouah ou se mettre au service des rares voyageurs européens que le hasard y amène, est d'abord le plus humble, le plus actif, le plus dévoué des serviteurs; une poignée de farine le matin, une poignée de farine le soir, de loin en loin une écuelle de sohiro, le mets national, quelques feuilles de tabac de Surate qu'il broie entre deux pierres et qu'il mêle à une certaine quantité de cendre pour en mettre une prise sous sa langue aux heures de *kéf*, le rendent le plus heureux des humains. Mais, du jour où la générosité du maître auquel il se sera attaché aura remplacé par un taub neuf la toile sordide dans laquelle il enveloppait ses membres étiques; du jour où, dans un coin de ce taub, il aura pu nouer quelques thalers, la taille de ce même homme, si soumis la veille, se redressera orgueilleusement. Mais, si votre libéralité va jusqu'à joindre au taub un caleçon et un *sédéri* (gilet qui boutonne jusqu'au cou), dès le même jour, l'Abyssin vous remerciera par une révérence qui plie son corps en deux, comme s'il y avait une charnière au milieu de son dos; et, ne comprenant plus qu'un homme qui possède un caleçon, un gilet et dix pieds carrés de toile blanche puisse travailler, il vous quittera aussitôt pour retourner à ses montagnes, jusqu'à ce que son pécule soit tombé à zéro, et que les épines aient dévoré son taub splendide.

L'abandon de nos domestiques ne nous surprit donc pas; au contraire, précisément parce qu'ils étaient bien vêtus, bien nourris et grassement payés pour le pays, il y avait plutôt lieu de s'étonner que leur fidélité eût tenu bon si longtemps.

Toutefois, lorsque, le jour suivant, notre ami d'Eylat se mit en route, — sans nous, bien entendu, — nous les vîmes arriver à la file et se prosterner à la porte de notre tente, portant chacun une énorme pierre derrière la nuque : c'était leur manière d'implorer notre pardon.

Nous demeurâmes inexorables ; chacun reçut son salaire, plus un pain pour la journée, et l'ordre de ne plus venir à nous.

Depuis la veille se trouvaient, dans le village, des envoyés d'Ouled-Gaber, chef d'un canton de l'Amacen, dont j'ai raconté plus haut une expédition contre les hordes musulmanes de cette partie de la côte. Rebelle à l'autorité d'Oubié, ce chef craignait que les troupes rassemblées à la frontière par son suzerain ne fussent destinées à agir contre lui. Des émissaires avaient mission d'en surveiller les mouvements du côté du littoral, tandis que d'autres avaient été dépêchés dans le même but vers les villages les plus rapprochés de Smaragda, où stationnait ce corps d'armée.

Suivant ces émissaires, Kouakabiék, l'un des ministres d'Oubié, commandait ces forces, qui se montaient à environ quinze mille hommes, dont un millier de fusiliers, six à sept mille fantassins et autant de cavaliers, tous armés de zagaies, du sabre et du bouclier. Kouakabiék avait sous ses ordres les dedjaseh Alousa et Schaton, l'un frère, l'autre fils d'Oubié.

Il pouvait être neuf heures du matin, lorsque arriva un cavalier dont la face souillée de poussière et le dromadaire tout blanc d'écume attestaient une course aussi longue que rapide. Il venait de l'extrême frontière. L'armée d'Oubié était en marche par la route qui d'Axoum descend à Adoulis, par la vallée d'Ouïen-Négous et par l'ouadi à la fois. Dans la vallée d'Ouïen-Négous, nombre de camps bédouins avaient été surpris par les costanis, qui avaient tué ou mutilé près de deux cents hommes, et au pouvoir desquels étaient tombés les femmes et les enfants, ainsi que d'immenses troupeaux.

Cette sinistre nouvelle se propagea comme le feu sur une traînée de poudre. Assouz n'était guère qu'à sept ou huit heures de marche de l'ouadi Daghi, distance que la cavalerie ennemie pouvait franchir en deux heures de temps. L'imminence du danger était évidente pour tous.

Pendant que les anciens tenaient conseil à la hâte, des hommes, montés sur les meilleurs dromadaires, s'élancèrent dans toutes les directions pour donner l'alarme dans les villages échelonnés au pied des montagnes de l'ouest, ainsi que dans les camps occupés par les pâtres commis à la garde des troupeaux de la tribu; les autres se mirent à charger les bagages sur les dos des bœufs et des chameaux, tout cela au milieu d'un désordre inénarrable. Les hommes s'appelaient les uns les autres; les femmes poussaient de longues clameurs, les enfants pleuraient, les chameaux pliaient sous la charge, et à ce tumulte vint bientôt s'ajouter l'embarras des bestiaux qui affluaient de toutes parts.

Vers midi, le village d'Assouz et les autres villages épars sur la plaine se trouvèrent totalement vides. Toutes les hordes s'étaient donné rendez-vous à l'eau de Lagamèth, où l'on attendait le retour des éclaireurs chargés d'annoncer l'apparition des cavaliers du dedjaseh Schaton : l'on se réglerait ensuite sur les événements. Nous prîmes la même route dans la soirée.

Il était nuit noire lorsque nous atteignîmes la dépression occupée par les eaux de la source. Ce bassin et les vallées qui y débouchent ne suffisaient point à contenir les bœufs, les chameaux, les moutons, les chèvres qu'y poussaient incessamment de nouveaux flots de populations en fuite. Cette foule animée s'amassait rapidement au fond des ravins et envahissait peu à peu le revers des mamelons.

Au-dessus de cette mer vivante, pleine de mugissements de troupeaux, s'élevaient des collines littéralement couvertes d'hommes, d'enfants, de huttes, de feux, à la lueur desquels on voyait des milliers de créatures humaines s'agiter et se tordre dans le désespoir, ou des femmes danser autour d'un cadavre que des amis rapportaient des avant-postes. Ces voix tumultueuses, ces clartés effrayantes, la terreur que l'on sentait peser sur cette agglomération d'hommes talonnés par une armée d'ennemis, avaient quelque chose d'irrésistible : le froid vous gagnait jusqu'à la racine des cheveux, rien qu'à suivre de l'œil les diverses scènes de cet immense tableau dont la puissante réalité vous écrasait.

Il semblait que, par cette nuit noire et pluvieuse, la main du Tout-Puissant eût déchiré le rideau de ténèbres qui voilaient l'horizon, pour ouvrir à nos regards une échappée de vue sur les abîmes, séjour de l'épouvante, rêvés par Michel-Ange et à travers lesquels Virgile emportait le grand poëte de la *Divina Commedia.*

La nuit se passa au milieu de ces transes continuelles. Le jour parut amener un moment de répit. Les vedettes avaient bien signalé l'apparition des fourrageurs amharas; dans la plaine, il y avait même eu un engagement dans lequel avaient péri une vingtaine de Bédouins; mais ce parti de cavaliers, d'ailleurs peu nombreux, s'était replié aussitôt sur le corps principal, et cette retraite fit espérer ou que l'orage était passé ou qu'il irait crever plus loin.

Mais, vers les trois heures de l'après-midi, cette trompeuse espérance s'évanouit tout à coup. Une longue colonne de cavalerie, de laquelle de petits partis se détachaient incessamment, venait de déboucher dans la Kolla. Les hommes armés coururent défendre les gorges par lesquelles elle est accessible du côté de l'ouest, le chaînon qui donne naissance à l'eau de Lagamèth; les vieillards, les femmes, les enfants, les pâtres effarés s'élancèrent, au contraire, vers les pentes conduisant à la mer, suivis de l'immense troupeau qui, pareil à un lac dont on briserait les digues, s'échappa à torrents par le creux des vallées.

En une heure, le bassin au fond duquel s'amassent les eaux de la source redevint la plus morne, la plus désolée des solitudes.

Nous dûmes suivre une seconde fois le mouvement de retraite des Bédouins. Parvenus à la Kolla inférieure, nous tînmes conseil un instant. Bien qu'étrangers, il était peu sûr de nous laisser déborder par les Abyssins, qui, tout au moins, nous eussent débarrassés de nos bagages. Nos armes eussent suffi, d'ailleurs, pour exciter la convoitise des maraudeurs qui précèdent toujours le gros des armées costanis, et nous eussions regardé comme trop humiliante la nécessité de les rendre sans brûler au moins une amorce.

Ce dernier cas échéant, nous courions risque de tomber sous le terrible couteau que les cavaliers amharas portent toujours à leur ceinture, et qui ne sert qu'à mutiler les prisonniers et les blessés, aussi bien que les morts. Or, nul de nous ne se souciait de fournir aux Abyssins un de ces hideux trophées qu'ils appellent *huéday*, qu'après la bataille chacun va compter devant son chef; qu'il sale pour en orner sa hutte; qui donnent à la femme du guerrier qui en compte le plus le pas sur les autres femmes, jalouses de ce sang, et que tous cherchent à se procurer, chose horrible, même en éventrant les femmes enceintes pour mutiler le fœtus.

Il fut décidé, à l'unanimité, que nous marcherions toute la nuit pour arriver à Massouah le lendemain de bonne heure. Nous regrettions seulement de nous être embarrassés d'un Indien que nous avions trouvé à Assouz. A ce tort était venu s'en joindre un autre, c'est-à-dire que le vieux bonhomme, ayant goûté de notre *araki*, prétendit que quelques gouttes rendraient un peu de ton à ses membres et à son âme. M. Arnaud lui passa sa gourde, qu'il vida d'un trait. Le remède eut un effet si prompt et si complet, que notre compagnon de voyage, devenu furieux, se prit à courir à travers la plaine, et un moment ce fut une sorte de course au clocher entre lui et nous, qui nous fussions reproché comme un assassinat l'abandon d'un homme ivre en ce lieu et dans un pareil moment.

Nous rattrapâmes enfin l'Indien, que nous liâmes sur son chameau, et l'on se remit en route par une nuit humide et sombre, comptant beaucoup plus sur l'instinct de nos bêtes de somme que sur nos yeux pour nous diriger au milieu de la Kolla, qui, vers l'est, n'a d'autres limites que la mer, sans accident de terrain qui puisse servir de jalon, à travers laquelle couraient sur l'aile du vent les vagues rumeurs de la foule qui venait derrière nous, et de loin en loin le retentissement affaibli des nagarits abyssins.

Il était grand jour quand nous entrâmes à Massouah, où tout dormait dans la sécurité la plus complète.

Pourtant, vers le soir, un kawas du gouverneur vint nous prier de passer au divan. Khalel-Bek — tel était le nom du successeur d'Ismaïl Zakki-Effendi — venait d'apprendre la descente des Abyssins par la rumeur publique; seulement, il n'y croyait pas encore, malgré une lettre que venait de lui faire tenir un Bédouin qu'on n'avait pu retrouver.

Ce jour-là, on n'apporta point d'eau douce à Arkeeko; les hommes auxquels le naïb avait concédé le monopole des puits avaient disparu, emmenant les barques et emportant les outres employées au transport.

Dans les circonstances actuelles, il fallait renoncer à recourir aux puits de Mokollo, trop éloignés de la mer pour que les corvées qui s'y rendraient ne fussent pas enlevées par l'ennemi.

L'eau était pourtant une question de vie ou de mort; heureusement, elle n'était pas insoluble. Maintes fois le bek nous avait témoigné la plus grande estime, la plus grande confiance.

Nous étions blancs, nous disait-il, et perdus au

bout du monde, au milieu d'une population noire; la différence de religion devait s'effacer, pour nous rapprocher de lui plus que des indigènes. En cette circonstance, l'intérêt de la sûreté commune lui faisait un devoir de nous demander notre avis sur les mesures à prendre.

Ce fut sur notre conseil qu'il fit mettre en réquisition tout ce qu'il y avait de barques dans le port, tout ce que l'on put trouver dans les maisons des particuliers d'outres, de jarres, de caisses à eau.

Dès le même soir, des embarcations de toute grandeur faisaient voile pour l'archipel de Dalhâk, où elles devaient évacuer une partie des femmes, des enfants, que les Bédouins venaient mettre en sûreté dans l'îlot de Massouah, et d'où elles rapporteraient l'eau nécessaire à l'approvisionnement de la ville.

Sur notre conseil aussi, le bek détacha de la garnison de l'île une soixantaine d'hommes destinés à renforcer celle de la petite citadelle d'Arkeeko, en même temps qu'il y envoyait du canon et des munitions de guerre, et qu'Omar-Effendi, le bim-boschi ou chef de bataillon des Nizam, recevait l'ordre de s'y enfermer avec ses hommes.

Ce dernier ne brillait sans doute pas par sa science militaire; mais, en revanche, c'était un homme ferme et plein de cette bravoure particulière aux musulmans, qui n'a point sa source dans l'idée de l'honneur et du devoir, mais qui résulte de sa croyance à une destinée inévitable, dont aucun effort humain ne saurait ni précipiter ni retarder l'accomplissement. Quant à ses hommes, l'espoir d'une bataille leur donna la fièvre de sang que doivent éprouver quequefois les bêtes fauves. Aussi, quand les pièces arrivèrent, ce furent des rugissements de joie, des danses frénétiques, des chansons en cent idiomes africains qui semblaient jeter le délire dans toutes les têtes. Cela dura jusqu'au jour.

Ces premières et indispensables mesures prises, comme un homme épuisé par un violent effort, le gouverneur retomba dans l'apathie qui était le fond de son caractère. Un *mélazin* (lieutenant), qui d'habitude faisait sa partie d'échecs, vint à l'heure accoutumée; un esclave remplit les narguilèhs, où l'eau et l'odorante vapeur luttent dans la carafe en cristal de Bohême qui leur sert de prison, puis servit la *senniéh* couverte de soucoupes pleines de soujoûk coupé à petits morceaux, de pistaches de Syrie, d'olives de Grèce, de boutargue de Damiette, de caviar de Russie, enfin une burette en cristal ciselé, remplie d'*araki*, ainsi qu'un petit verre grand comme un dé à coudre, et qui, de ce moment, ne cessa de passer du bek à son partenaire. Aussi étaient-ils ivres tous deux quand, de la grande terre, qu'une portée de carabine séparait à peine de la demeure du gouverneur, de longs cris de détresse annoncèrent un nouveau désastre.

Aux pâles lueurs de la lune, on voyait une foule se presser sur la rive, portant les uns des caisses, d'autres des sèrir, d'autres des ustensiles de ménage. Toutes ces créatures humaines demandaient, avec des clameurs où il y avait une épouvante inconnue, qu'on leur envoyât des barques pour les passer dans l'île. Plus loin, vers le nord, on entendait, malgré l'éloignement, une immense rumeur dans laquelle se confondaient des bruits d'hommes et de chevaux se heurtant avec furie, des chants de victoire, des cris déchirants comme la dernière plainte des blessés. Tout au bout de l'horizon, l'incendie, allumé sur deux ou trois points du village de Mokollo, montait dans le ciel avec ses lueurs sinistres, pareilles à l'un de ces météores qui annonceront l'agonie de la race humaine.

Pendant que le bek suivait d'un œil hébété par l'eau-de-vie le progrès des flammes qui dévoraient la demeure de tant de malheureuses familles, Mme D... et ses filles rentraient à Massouah. Quant à M. D..., il s'obstinait à ne pas quitter sa maison de terre ferme, qu'il comptait mettre sous la sauvegarde du pavillon national, et défendre, au besoin, le fusil à la main. Mais, attaqué au point du jour et fait prisonnier avec ses domestiques, il ne devait échapper à la mutilation imposée aux prisonniers qu'en livrant une forte somme aux Abyssins. Le pavillon de la république fut lacéré sous ses yeux, et les maraudeurs amharas, après avoir pillé sa demeure, y mirent le feu sur vingt points à la fois.

Vers les dix heures du matin, du haut de la terrasse de notre habitation, nous pûmes voir s'avancer un nuage de poussière du milieu duquel ne tarda pas à se dégager une longue colonne de cavalerie qui vint longer la mer et remonta vers Arkeeko. D'autres colonnes d'infanterie prenaient la même direction, en suivant la chaîne des collines qui, vers l'ouest, se courbe en un immense hémicycle autour de la bourgade et de la forteresse. Les sabres et les fers de lance scintillaient au soleil; sept à huit mille voix hurlaient le chant de guerre des montagnes, ouragan de notes sauvages que déchirait incessamment l'éclat d'airain des nagarits.

Quand cette colonne fut en vue de la citadelle, la fièvre furieuse qui possédait les Nizam depuis la veille atteignit son paroxysme, et le bim-boschi eut toutes les peines du monde à empêcher ses hommes de franchir les remparts pour se ruer comme des panthères sur la proie humaine qui venait à eux. Puis le canon fit entendre sa grande voix au-dessus de toutes ces clameurs de pygmées, et quelques boulets s'en allèrent, en sifflant, labourer les rangs abyssins; quelques cavaliers, quelques chevaux tombèrent hachés par cette pluie de fer.

Alors, dans cette tourbe d'hommes, d'ailleurs d'une incontestable bravoure, mais auxquels le canon est complétement inconnu, se répandit l'insurmontable terreur qui, à Azincourt, fit frissonner sous leurs armures les meilleurs cavaliers de l'Europe, placés eux aussi devant ces tubes tout nouvellement inventés, qui vomissent la mort au milieu des bataillons, et confondent dans un même trépas le lâche et le brave. Un mouvement d'hésitation se fit sentir à la tête de la colonne; un vide se fit à son front, et elle se sépara en deux torrents qui passèrent au galop en contournant la citadelle comme les eaux d'un fleuve entourent l'île qui les divise. Dans leur course, les Abyssins jetèrent des brandons allumés dans chacun des groupes de huttes qui composent le village, et cette cavalerie rapide disparut en un clin d'œil, laissant partout l'incendie derrière elle.

Près du djebel Gadem, l'immense meute fit lever de grands troupeaux de chameaux et de bœufs que deux ou trois cents pâtres essayèrent de soustraire à l'ennemi. Hommes et animaux furent impitoyablement massacrés, et le tourbillon agile reprit sa course vers Zoula. Mais, une fois à l'entrée de la gorge qui, des ruines d'Adoulis, monte vers celles d'Axoum, en passant par Hammamo, les Abyssins durent tourner bride; les collines granitiques qui encaissent la vallée étaient occupées par des hommes armés que leur position inexpugnable mettait à l'abri de toute surprise, et qui pouvaient écraser quiconque se hasarderait au fond de cette crevasse, dont les pentes sont déchirées à chaque instant par des précipices.

En traversant les rues de la ville, nous remarquâmes que des regards pleins de haine se fixaient sur nous; à notre vue, les passants s'arrêtaient pour se dire les uns aux autres, dans le creux de l'oreille, de ces paroles mystérieuses au fond desquelles il y avait de sinistres pensées, et un ou deux amis nous avertirent en cachette de bien nous garder.

Nous passâmes une partie de la soirée à fondre des balles; tous nos fusils furent chargés; et les serviteurs abyssins, qui avaient remplacé ceux par lesquels nous avions été abandonnés à Assouz, furent consignés à la maison.

La nuit venue, la moitié de nos gens allèrent s'installer avec leurs armes dans le vestibule d'une habitation voisine, occupée par deux prêtres italiens, dont l'un était monsignor Massaia, évêque de *Cassia in partibus Galla*; l'autre, M. de

Jacobis, préfet des missions catholiques en Abyssinie.

L'évêque devait s'embarquer le lendemain pour Zeylah, d'où il espérait pénétrer dans l'intérieur; de son côté, M. de Jacobis devait se mettre en route au point du jour, pour gagner le pays des Irabs, tribu taltale qui n'a point encore abandonné le christianisme, et qui vit indépendante du chef du Tigré dans les gorges inaccessibles de l'Alètièna, rameau secondaire de la grande chaîne du Bahr-Nagasch. Récemment nommé à l'évêché d'Axoum, M. de Jacobis devait être sacré cette nuit-là même par l'évêque des Gallas.

Pendant que la tempête des hommes mugissait au dehors, les deux prêtres allaient donc passer la nuit en prières, oubliant qu'à chaque instant la mort pouvait s'abattre sur eux sous ses formes les plus effrayantes. Aussi, quand au matin nous allâmes heurter à la porte de nos amis, et que nous vîmes l'un d'eux agenouillé humblement, l'autre, revêtu de ses habits sacerdotaux, accomplir l'une des plus imposantes cérémonies de l'église romaine dans une humble chambre où la lueur des cierges se mêlait aux premières clartés du jour tombant par les crevasses du plafond, nous nous sentîmes dominés par la grandeur de cette scène, digne des premiers âges du christianisme, et nous nous retirâmes, nous, incrédules, pleins de respect et d'admiration à la fois pour cette piété simple, pour ce tranquille courage de deux hommes qui, comme des soldats qui se rendent à leur poste, allaient s'élancer du pied du même autel vers des périls de toutes les heures.

Avant midi, tandis que le nouvel évêque, suivi d'un seul guide, prenait le chemin de l'Alètièna, à travers un pays sur lequel cent villages embrasés fumaient encore et que des partis ennemis sillonnaient de toutes parts, monsignor Massaia, Stephen et nous, nous montions sur une barque qui allait mettre à la voile pour Djeddah, et qui devait nous déposer à Dahlâk.

Nous mouillâmes, vers le coucher du soleil, près de la grande île, au fond d'une anse dont les bords sont semés de tombeaux, qui, presque tous, portent une pierre noire couverte d'inscriptions koufiques. Le nakoudah et les hommes de l'équipage nous dirent que c'étaient les tombes des premiers martyrs de l'islam, tués dans la guerre contre les chrétiens qui alors couvraient toute cette côte. Ils nous assurèrent aussi que quiconque avait essayé d'arracher un caillou à ces monuments funéraires était toujours mort peu après d'une manière misérable, et qu'un gouverneur turc, ayant tenté cinq fois de faire porter une de ces pierres gravées dans la grande mosquée de Massouah, cinq fois la barque sur laquelle elle avait été embarquée s'était brisée, et cinq fois la pierre était retournée d'elle-même recouvrir la tête du saint pour lequel elle avait été taillée.

La plage qui bordait l'anse était littéralement couverte d'oiseaux de mer. Hérons, court-vite, courlis, chevaliers, goëlands et mouettes, rangés par tribus sur le sable, nous cédaient tout au plus l'espace nécessaire à nos tapis, que nous avions fait porter à terre. Longtemps encore on entendit des sifflements aigus, des cris plus graves, d'autres qui s'exhalaient comme un long gémissement; de rares bouffées de brise tiraient des *salsoles*, qui couvraient l'intérieur de l'île, des murmures pareils à une plainte qui se fût échappée des vieilles tombes voisines; le frémissement des vagues assoupies, doux et régulier comme la respiration d'une jeune fille, servait de base harmonique à ce concert de la nuit et de la mer.

Un autre phénomène vint ajouter à l'étrange effet de cette scène : là où venait mourir la marée qui montait à cette heure, une traînée de pâle lumière dessinait les contours de la petite rade.

Nous étions à l'ancre au-dessus d'un banc de madrépores dont deux brasses d'eau nous séparaient à peine, si bien qu'au jour ce fut un merveilleux spectacle que ce tapis déroulé sous nos pieds, et dont le rideau de la mer calme et transparente ne dérobait aucun détail.

D'abord toutes les aspérités du banc qui faisaient saillie au-dessus des eaux, incrustées sur de larges *oscabrions*, recouvertes de végétations microscopiques du plus beau vert et semées de petits coquillages pourpres, abritaient dans les creux de leur rugueuse surface des crabes qui s'y retiraient à l'ombre, ne montrant hors de leurs retraites que leurs énormes pinces et leurs yeux semblables à des escarboucles montées sur des baguettes d'ivoire. Au pied de ces saillies, le flot tasse des lymnées, des auricules, des méléagres, des nérites, dont les coquilles à spires enroulées de toutes sortes de manières se hérissent de verrues, se plissent de cannelures. Plus bas encore, le rocher se pave d'ostracés en éventail, pliés en coude comme un poignard arabe ou seulement arqués comme un khandjar persan; d'arondes qui s'attachent au sol par un byssus soyeux; d'énormes bénitiers dont les valves entre-bâillées au soleil laissent voir la bouche du mollusque rayée de noir sur du jaune comme la robe d'un tigre indien; de cornets pointillés ou striés de brun ou de violet; de murex hérissés d'épines qui les font ressembler à des peignes; d'astéries, de scutelles pareils à des palets qui porteraient en relief l'empreinte d'un fleuron à cinq lobes; d'étoiles de mer rouges comme du feu, ou blanches, qui ont l'air d'une fleur tombée de la tige d'un lis, ou composées de cinq longs bras annelés de brun et de fauve, comme des tronçons de vipère qu'on aurait noués ensemble.

Puis le sol sous-marin se creuse en petites vallées, se bossèle de montagnes en miniature, se hérisse de forêts d'arbres de corail et de pierres dont les troncs, partis d'une même racine, poussent sur un même plan horizontal de longues branches carminées, ou se composent de lames imbriquées, ou imitent à s'y méprendre de gigantesques champignons. Çà et là poussent des touffes d'éponges aux feuilles roulées en cornets de toutes grandeurs, et dont le tissu a la fragile finesse des toiles d'araignée.

Autour de ces forêts s'étendent d'immenses prairies semées de fleurs en panaches, en roses, en ombrelles, en éventail; fleurs animées qui, au moindre mouvement des ondes, rentrent dans leurs cellules invisibles, s'y tiennent cachées un instant, et reparaissent bientôt comme par enchantement avec leurs brillantes couleurs. Cette végétation de pierre et de chair forme des berceaux, des avenues, des grottes féeriques, jardins voilés par le glauque rideau de la mer, que peuplent des myriades d'êtres d'un ordre supérieur. Des poissons taillés en aiguille, en croissant, en mître, noirs, lapis-lazuli, rouges, jaunes, bigarrés ou zébrés de toutes ces couleurs, vaguent dans ces gracieux labyrinthes, montent, descendent, se poursuivent en jouant au soleil, qui fait étinceler leurs écailles comme les pierreries d'un écrin. Au moindre bruit, les poissons merveilleux se réfugient vers le polypier. Quelquefois aussi ils s'égarent loin de leur asile : le sable qui sépare leur palais du polypier voisin est si doux, le soleil l'éclaire si bien et l'onde y jette de si beaux reflets !

Mais ces solitudes ont aussi leurs dangers. Des poulpes hideux, aux longs bras formidables, des raies gigantesques dont le dos est tacheté d'azur, des requins qui n'ont pas encore toute leur croissance, croisent dans ces déserts et d'un bond s'élancent sur la légion vagabonde. Alors, le sable, le sang et des bulles d'écume montent à la surface de la mer qui se trouble, et le paysage sous-marin disparaît comme une scène sur laquelle le machiniste laisse tomber la toile. Puis la surface des eaux redevient tranquille; les petits poissons si beaux apparaissent encore au milieu de leurs riches demeures, et, oublieux de leur frayeur, se hasardent de nouveau vers d'autres ennemis par lesquels ont été remplacés ceux que leurs frères ont rassasiés.

Les habitants de la mer subissent la loi fatale qui condamne tout être animé à vivre d'êtres plus faibles que lui, ou à devenir la proie d'êtres plus forts : loi brutale, contre laquelle l'homme se révolte en vain, et qui ferait douter de la bonté du Créateur, dont tout révèle d'ailleurs la puissance.

IX

Il est de certaines heures pleines de tristesse entre toutes celles dont se compose le chapelet bigarré que l'on nomme la vie : ce sont celles où l'homme voit la mort ou le vent du hasard disperser les amis avec lesquels il s'était doucement habitué à vivre, et qui, en s'en allant, laissent un vide dans ses jours, un regret douloureux au fond de son cœur.

Une de ces heures qu'Horace conseillait de marquer d'un caillou noir était venue pour moi. Dès le lendemain de notre arrivée à Dahlâk, Stéphen retournait à Massouah ; deux jours plus tard, une barque qui faisait voile pour Aden emportait monsignor Massaia, qui avait hâte de gagner Zeylah. Enfin, un jour plus tard encore, M. Arnaud, alors gravement malade, se décidait à profiter de la même barque avec laquelle nous avions quitté le Sambar tous ensemble, pour se rendre à Djeddah, où il espérait se rétablir.

Quand au dos bleu des lames se fut effacé le sillage de la saïa qui allait mettre toute la largeur de la mer Rouge entre mon compagnon de voyage et moi ; quand sa voile blanche eut disparu à l'horizon, pour échapper à l'isolement dans lequel me laissait cette triple séparation, je courus retenir une place à bord d'un sambouk qui, vers le coucher du soleil, devait faire route pour Massouah, où me rappelaient quelques affaires.

Ce sambouk était une misérable barque de pêcheurs, gréée d'une voile de nattes, et dont tout l'équipage consistait en deux homme et en un enfant. De plus, le ciel se couvrait, et le calme plat qui régnait sur la mer, le vol des pailles-en-queue, les clameurs des mauves, qui semblaient appeler la tempête, tout présageait une nuit orageuse.

La nuit fut terrible. De quart d'heure en quart d'heure se succédaient des grains violents mêlés de pluie. L'éclair courait en sillons de feu sur un ciel noir, et le ressac de la lame sur le récif qui nous abritait enveloppait le sambouk de lueurs phosphorescentes de l'effet le plus lugubre. D'énormes vagues, sur la croupe desquelles ruisselaient ces mêmes lueurs pâles, venaient du sud et fuyaient sous le souffle du vent, jusqu'à ce que, rencontrant un îlot ou un rocher à fleur d'eau, elles s'y brisassent avec un fracas, dont les grondements du tonnerre paraissaient n'être que la répercussion.

La bourrasque ne se calma que longtemps après minuit. Alors, seulement les marins, demeurés bravement à leur poste jusque-là, purent s'endormir aux balancements que la lame, cette berceuse fantasque, imprimait à leur barque, Au jour, on déroula à la brise la voile de nattes que l'orage de la nuit avait imbibée d'eau comme une éponge, et, le soir même, nous jetions l'ancre dans le port de Massouah.

Quand la terre eut bu la pluie de sang dont cette partie de la côte venait d'être inondée; quand le feu se fut éteint sous les décombres des villages incendiés; quand les choses eurent repris leur cours ordinaire, le naïb Mohammed, trompé, lui aussi, dans son attente par la brusque retraite des Abyssins, se hasarda à quitter sa cachette. Suspect aux Turcs, odieux aux Bédouins sur lesquels il avait attiré la ruine et la destruction, il crut pouvoir braver les soupçons des uns aussi bien que la haine des autres, et un beau jour on le vit reparaître à Arkeeko.

Cette impudeur devait recevoir un terrible châtiment. Prévenu de son retour, Khalil-Bek dépêcha aussitôt des *kawas* chargés de l'arrêter; mais des amis avertirent à temps le chef des indigènes, qui s'enfuit une seconde fois vers les montagnes, et eût pu s'y croire en sûreté, n'eussent été les hommes que ses exactions et sa tyrannie avaient jetés hors de la loi commune.

Le mari d'Aïscha était à la tête de ces outlaws du littoral abyssin. Or, on n'a point oublié que, pour chacun des osselets de sa main droite toujours clouée au seuil de la demeure des naïbs, le manchot avait fait vœu de tuer un homme de leur parenté.

Au quatrième jour de marche, vers l'heure de midi, le chef fugitif vint faire sa halte au fond d'une gorge sauvage et s'endormit avec son escorte, composée d'une trentaine de serviteurs dévoués.

Soudain, un coup de fusil détonna, et une balle, effleurant l'épaule du naïb, s'en alla briser le crâne de l'un des siens couché à côté de lui. Au même instant, une vingtaine d'hommes, s'élançant des fourrés voisins, se ruèrent sur les gens d'Arkeeko, qui, surpris par cette attaque imprévue, eurent sept à huit des leurs mis hors de combat dès le premier choc.

Alors s'engagea une lutte furieuse, une mêlée où les zagaies devenaient inutiles, tant les deux partis se serraient de près. Au milieu de ce groupe, au-dessus duquel les lames de sabres se levaient et s'abaissaient sans cesse, pour se relever toutes rouges, et secouer au loin une rosée sanglante, une sorte de colosse dominait le reste des combattants de toutes ses épaules. Comme s'il eût dédaigné le bouclier derrière lequel s'abritaient les nains qui se mouvaient autour de lui, le géant n'avait pour toute arme qu'un sabre d'une longueur démesurée qu'il tenait de sa main gauche, et dont chaque coup abattait un ennemi; ce géant était le mari d'Aïscha.

A chacun de ceux qui tombaient, le chasseur d'éléphants jetait comme adieu un insultant sarcasme qu'il faisait suivre d'un nombre énoncé à haute voix, ainsi que l'on compte les points au jeu. Seulement, le manchot avait compté vingt-six, tout d'abord, comme si, aux points d'une partie commencée ailleurs et demeurée inachevée, le terrible joueur eût ajouté ceux qu'il gagnait dans la partie actuelle.

Les hommes d'Arkeeko semblaient ne s'occuper que de ce formidable adversaire. Bientôt les coups qu'on lui portait de toutes parts eurent ouvert profondément les muscles de sa large poitrine, ou entaillé les chairs de ses bras et de ses jambes. Mais ces blessures, par lesquelles s'échappaient des flots de sang, paraissaient ne rien diminuer de son agilité, de sa prodigieuse vigueur. A chaque instant, un cadavre de plus ajoutait une nouvelle unité au nombre de victimes que, tout entier à sa besogne, le colosse comptait avec une effrayante impassibilité. Il en était à trente lorsqu'un des hommes du naïb, reculant de quelques pas, ramassa à terre une zagaie dont il fit vibrer horizontalement la hampe au-dessus de sa tête, et qui alla s'enfoncer dans la poitrine du manchot, à un ou deux pouces au-dessous de la clavicule gauche.

Celui-ci chancela un instant, puis se raffermit sur ses jambes par un effort surhumain, et son sabre, s'abattant sur la tête d'un ennemi, l'ouvrit jusqu'au menton.

— Trente et un, s'écria-t-il ; il ne m'en faut plus qu'un autre.

Et le chasseur d'éléphants se mit à fendre la presse pour arriver jusqu'au naïb, qui l'évitait avec le plus grand soin.

— Trente-deux, cria une autre voix avec un éclat de rire sardonique, en même temps qu'une seconde zagaie atteignait le mari d'Aïscha en pleine poitrine.

Alors, une dernière pensée de vengeance inspira le mourant ; un dernier effort le fit tomber du côté du chef d'Arkeeko, trop occupé en ce moment pour songer à fuir, et dont il put saisir le bras, sur lequel sa main se referma comme un étau de fer ; puis le géant roula sur le sol ainsi qu'une statue arrachée de son socle, entraînant dans sa chute l'ennemi dont il s'était promis la mort.

Aïscha était veuve.

Cependant, les compagnons du chasseur d'éléphants firent des prodiges. Pendant que le naïb se débattait inutilement pour s'arracher à la main qui le tenait prisonnier ; pendant qu'avec son couteau il cherchait à couper les nerfs immobilisés par la roideur cadavérique qui rivait cette main à son bras, ses gens, rompus sur toute la ligne, prirent la fuite en laissant les trois quarts des leurs sur le terrain. Les outlaws ne s'amusèrent pas à les poursuivre, mais coururent au naïb, qui fut garrotté en un instant, ensuite lié sur la croupe d'un dromadaire, et emporté à travers des forêts où sa mère elle-même n'eût pu retrouver ses traces.

La nuit suivante, des hommes couverts de sang et de blessures déposèrent, au fond d'une barque, un homme dont le corps était entouré de liens de cuir qui rendaient le moindre mouvement impossible, et qu'un bâillon empêchait d'appeler à son aide. Quelques coups d'aviron poussèrent cette barque jusqu'au pied de la maison habitée par Khalil-Bek, auquel ce mystérieux prisonnier fut remis.

Une heure plus tard, la *schoutiéh* égyptienne de station à Massouah mettait à la voile pour Djeddah, emmenant cet homme, qu'à son arrivée le pacha du Béléd-el-Ahrameïn fit jeter dans un cachot. Il y demeura un mois. Un jour, les portes de la prison s'ouvrirent, et il en sortit une légion de kawas traînant derrière eux ce même homme, dont la pâleur cadavéreuse, l'œil égaré et les jambes vacillantes disaient assez la terreur. A l'une des portes de la ville, les kawas firent accroupir le prisonnier, que la mort semblait avoir saisi par avance, et qui promenait son regard éteint sur la foule en cercle autour de lui.

A ce moment, une femme voilée, dont les yeux étincelaient par l'ouverture du *borgho* comme l'œil fulgurant des panthères, parvint à se placer au premier rang, et se mit à crier de toutes ses forces :

— Trente-deux ! le compte y est, naïb !

A ce cri, le patient sembla se réveiller en sursaut : son regard se fixa sur la femme qui lui apparaissait à sa dernière heure comme un fantôme vengeur; un cri de rage s'échappa de sa poitrine, et il fit un mouvement comme pour s'élancer vers elle. Mais le sabre du chaouch, passant dans l'air comme un rayon de feu, s'abattit sur le cou du patient; la tête, retenue seulement par un lambeau de peau, vint tomber sur la poitrine, et le corps se renversa dans une mare de sang.

Ainsi finit le naïb Mohammed

X

Pendant notre séjour à Dahlâk, un Anglais, nouvellement arrivé d'Aden, était venu s'installer dans une maison voisine de celle habitée par Stéphen.

Le nouveau débarqué avait couru l'Inde tout entière, ainsi que la plus grande partie de la Nouvelle-Hollande, où il avait fait un long voyage dans l'intérieur, à la découverte de je ne sais plus quel fleuve. Il s'en allait maintenant aux sources du fleuve Blanc; celles-là trouvées, il passerait à celles du Niger, puis à celles de la Tchadda, enfin à celles de tous les grands fleuves de l'Afrique. Sa profession était de trouver les sources introuvables.

Il n'y avait à tout cela qu'une petite difficulté : c'est que l'intrépide explorateur ne savait pas le premier mot des mille et un idiomes de l'Afrique. Mais, outre qu'avec sa boussole il pouvait à la rigueur se passer de parler à qui que ce fût, notre homme, qui était le plus bizarre des originaux des trois royaumes unis, avait trouvé un moyen aussi simple que facile de parer à cet inconvénient. Au lieu d'apprendre lui-même les langues parlées dans les provinces qu'il aurait à traverser, il y avait économie de temps, selon lui, à enseigner l'anglais aux hommes avec qui il lui plairait d'avoir des relations.

Et, tout d'abord, il résolut de se former un domestique avec lequel il n'eût pas besoin de recourir à un baragouin aussi barbare que l'arabe. Il prit donc un serviteur auquel, dès le premier jour, il donna l'ordre, en anglais bien entendu, d'aller au marché, et de lui en rapporter du pain, du beurre, des œufs et de la volaille. Le serviteur était tout oreilles ; mais, pour si grandes qu'il les ouvrit, pas un mot de tout cela n'arriva à son intelligence. Le maître lui administra une volée de coups de poing et de coups de pied, sous prétexte de lui ouvrir l'intellect ; puis, quand il jugea cette première leçon de longueur suffisante, il ouvrit la porte au malheureux, qui se sauva en criant *au feu!*

L'anglais jeûna jusqu'au soir. Un peu avant la nuit, il lui fallut bien pourtant se résoudre à courir lui-même au bazar, où son costume excita une hilarité générale.

En effet, dès le premier jour de son arrivée, notre homme n'avait eu rien de plus pressé que de se mettre comme les gens du pays, c'est-à-dire qu'à part la serviette qu'il avait roulée autour de ses reins en guise de pagne, il était tout nu. Je me trompe : en sa qualité de gentleman, il n'avait pu se décider à renoncer aux gants blancs, qu'il ne quittait jamais, même pour manger son pilau avec les doigts.

Arrivé au milieu du marché, voici comment il s'y prit pour trouver une poule à acheter.

D'abord, il ploya son grand corps jusqu'à toucher la terre du nez ; puis il allongea ses bras le long des cuisses, et se mit à marcher ainsi de côté et d'autre, comme les poules en quête d'un grain de mil, s'arrêtant quelquefois pour gratter la terre du pied, ou se redressant brusquement pour imiter en fausset le chant du coq. Comme il avait soin de montrer sa main pleine de roupies à chacune de ses évolutions, tout le monde comprit : les poules et les coqs arrivèrent en foule, et le gentleman s'en retourna chargé de volailles. Il n'y avait plus qu'à en faire cuire une.

Le voyageur essaya de la plumer; mais, trouvant bientôt ce procédé trop peu expéditif, il imagina d'allumer un grand feu, de suspendre le volatile au-dessus, et de laisser aux flammes le soin de la débarrasser de l'habit de plumes qu'elle tenait de dame Nature. Les plumes, ainsi calcinées, se réduisirent en une croûte de corne, dans laquelle la malheureuse bête, mal saignée, cria jusqu'à ce qu'elle fût à moitié cuite.

Cette volaille *à la coque* — c'est le nom que l'Anglais donnait à la nouvelle préparation culinaire de son invention — lui parut délicieuse, et surtout très-tendre.

Toutefois, après son dîner, notre voisin vint nous faire une visite et nous dit qu'il comptait aller se plaindre au gouverneur de la conduite peu honnête de son domestique. L'Arabe avait, en effet, le tort d'avoir pris une leçon d'anglais et d'être parti sans payer le cachet. Stéphen se chargea de pourvoir à son remplacement.

A peine installé, le nouveau serviteur reçut à peu près les mêmes ordres que celui de la veille, et, comme lui, ne comprit goutte. Le voyageur, convaincu plus que jamais de l'excellence de sa méthode, ne se reprochait que d'avoir voulu procéder graduellement à l'endroit de son premier élève, sans doute afin de ne point surcharger sa mémoire. Aussi résolut-il d'entrer plus résolument en matière avec le second et de lui apprendre tout l'anglais d'une seule fois. La leçon se prolongea jusqu'au moment où ses voisins, entendant l'homme d'Arkeeko beugler et appeler au secours, se hasardèrent à enfoncer la porte.

Enfin, l'Anglais finit par déterrer, sans le secours de Stéphen, cette fois, un matelot indien qui parlait sa langue et dont il se trouva très-satisfait, excepté sur le chapitre de l'activité.

Par-dessus tout, le matelot avait le sommeil dur; or, une nuit, son maître, venant à s'éveiller vers les trois heures du matin, eut envie de prendre du thé :

— Hamed! lui cria-t-il.

Le serviteur ronflait et se garda bien de répondre.

— Hamed! répéta l'Anglais.

L'Indien dormait toujours.

—Hamed!... enfant de chienne! vociféra le maître, qui, ne pouvant plus y tenir, se leva, versa une charge de poudre dans le canon d'un pistolet et lâcha le coup à deux pouces de l'oreille du dormeur.

Celui-ci s'éveilla en sursaut, bondit hors de son lit et se sauva tout nu dans les rues de la ville, tandis que le gentleman riait à se disloquer les mâchoires de cette facétie, qu'il trouvait infiniment réjouissante.

Pourtant, comme aucun domestique ne voulait d'un tel maître, le voyageur se dégoûta vite d'un pays où un riche enfant d'Albion était obligé de préparer lui-même son manger, et partit peu après pour Djeddah, ce qui explique comme quoi le voile mystérieux qui couvre les sources du fleuve Blanc, du Niger et de la Tchadda n'a point encore été soulevé.

Outre l'Anglais, notre voisinage s'était augmenté d'un nouveau venu dans la personne de Mohammed Cotten. Sa maison avait été incendiée par les Abyssins lors de leur apparition à Mokollo, et, en attendant la possibilité d'en rebâtir une neuve, notre chamelier en chef avait jugé à propos d'élire domicile dans une hutte contiguë à notre demeure. La mort y était entrée avec lui et avait frappé d'abord sa vieille mère ; ensuite, à quelques jours d'intervalle, sa jeune femme. Pendant près d'un mois, ce furent des cris, des sanglots, des myriologues, des danses funèbres qui nous empêchèrent de fermer l'œil : après quoi, cette bruyante douleur tomba tout à coup, et les parents des deux défuntes ne se souvinrent plus d'elles qu'un jour par semaine.

Ce jour-là,— c'était toujours le mercredi, — dès l'aurore, les femmes du quartier se réunissaient dans la maison de notre chamelier. Une des commères commençait par couper et laver le toumbéki nécessaire pour remplir le narguiléh, dont le tuyau passait de main en main, et auquel chacune des assistantes aspirait à son tour une bouffée de tabac. Pendant ce temps, un autre préparait le café, et la tasse faisait le tour du cercle.

Ces dispositions préliminaires terminées, la matrone la plus renommée par son talent d'improvisation entonnait d'une voix dolente la première strophe d'un myriologue ; d'autres l'accompagnaient de cris , de sanglots , de contorsions effrayantes, tandis que des danseuses échevelées, en proie à un désespoir frénétique, hurlaient toutes ensemble leur refrain lugubre : *Ouoyé ! ouoyé !*

Tout à coup, à un signe de la vieille femme qui remplissait les fonctions de maîtresse des cérémonies, l'improvisatrice s'arrêtait, les yeux des pleureuses se rassérénaient, les danseuses rajustaient leurs vêtements en désordre ; toutes se pressaient autour de la bouilloire et du narguiléh, que l'on rallumait ; la tasse recommençait à circuler à la ronde, et ces femmes, si désolées une minute auparavant, caquetaient, médisaient où riaient aux éclats.

Cette comédie, avec ses entr'actes, durait jusqu'à midi, et devait se répéter régulièrement tous les mercredis pendant trois ans.

Or, il arriva que, dans cette périodique affluence de femmes qui se réunissaient chez lui chaque semaine, Mohammed Cotten finit par remarquer une jeune fille dont la vue acheva de calmer ce qu'il pouvait y avoir encore de regrets au fond de son cœur ; et le célibat, ainsi que le veuvage, étant considérés ici comme une énormité que rien n'excuse, le mariage fut décidé en quelques jours.

Le soir fixé pour la cérémonie, la maison de notre voisin s'illumina comme une chapelle ardente ; des œufs d'autruche, que l'on ne casse que lorsque le mariage est consommé, décorèrent sa porte d'une bizarre guirlande, et un grand festin, auquel nous fûmes conviés, Stéphen et moi, réunit les parents et les amis des deux familles.

A part un grand feu qui fut allumé devant la porte du nouveau marié, et autour duquel vint danser un double cercle de jeunes gens et de jeunes filles, rien des farces bruyantes dont un mariage, dans les camps nomades, est toujours l'occasion, ne marqua cette fête. Tout se borna à dévorer quelques sacs de riz et nombre de moutons ; après quoi, le cadi bénit les deux conjoints et les assistants se retirèrent.

La même différence qui existe dans les cérémonies extérieures du mariage se retrouve dans le sort des femmes chez les Bédouins et celui des femmes de Massouah et d'Arkeeko. Tandis que les premières sont condamnées aux travaux les plus rudes, les dernières, au contraire, devraient être comptées dans la catégorie des êtres privilégiés dont parle le proverbe arabe : « Il n'y a rien de plus heureux en ce monde que les ramiers de la Mecque, les chevaux de l'iman de *Sanâ* et les femmes de *Sawakin.* »

Dans les villes du littoral, la femme est, en effet, considérée comme un animal de luxe, que l'on ne doit point soumettre au travail, de peur d'en amoindrir la valeur. Pour elle, la durée de la lune de miel se mesure à la durée de sa beauté. La conservation de celle-ci est son unique besogne ; les soins du ménage sont l'affaire des esclaves et non la sienne. Toute fatigue lui est interdite ; elle ne peut aller visiter une amie qu'à mule, ou montée sur un chameau bien doux, dont on amortit encore le cahot au moyen de tapis. Le mari rentre-t-il pour le repas du soir après une journée de labeur, du pied, la femme, accroupie sur son sérir, lui montre sans mot dire l'endroit où il trouvera son manger, et le mari lui doit encore des remerciments pour ce geste. En un mot, elle est traitée en nouvelle mariée jusqu'à ce que se montre la première ride. Alors seulement apparaît le revers de la médaille. Les philtres, les lotions, les pratiques bizarres qui sont le secret de certaines vieilles, dont chacune tient à capter la bienveillance, rien n'est épargné pour retarder ou déguiser le plus longtemps possible les ravages du temps. Mais une vieillesse prématurée ne tarde point à suivre ce premier signe; une pente rapide conduit à l'abîme; et, du jour où sa beauté, ce talisman qui lui valait une si douce existence, vient à se flétrir, rien ne saurait soustraire la malheureuse à l'abandon et au divorce; à moins que, par une pitié plus humiliante encore, le mari ne consente à la garder pour servir la jeune fille qui prendra sa place au lit conjugal.

Maintenant que le lecteur est rassuré sur le sort de Mohammed Cotten, qui, avec l'aide de Dieu, lèguera à une nombreuse postérité son inépuisable répertoire de légendes et de chansons, ainsi que son talent musical, il me reste à lui dire ce qu'il est advenu de quelques autres personnages qui ont passé sous ses yeux dans le cours de ces récits.

Une destinée non moins heureuse que celle de notre chamelier en chef attendait Gazaïn, le chasseur de M. D..., au service duquel il avait amassé un pécule qui, en Abyssinie, devait lui valoir une honnête aisance. De plus, en quittant Massouah pour retourner en Égypte, son maître lui abandonnait un fusil de chasse avec lequel le Nemrod noir s'était pour ainsi dire identifié. Pour lui, de la mer Rouge à Gondar, il n'y avait point deux yeux de jeune fille dont l'éclair lui allât au cœur comme le brillant des batteries de son arme, ni de voix plus douce que le bruit de ses coups, d'ami plus sûr que la balle qui s'échappait en sifflant de sa double bouche. Gazaïn avait donc tout un avenir de bonheur devant lui. Aussi, au lieu de ces fantômes féminins qui passent dans les rêves des autres jeunes hommes, ses songes à lui étaient peuplés de gazelles, d'antilopes colossales, de rhinocéros formidables de la colère desquels il se riait, d'éléphants monstrueux qui lui apportaient humblement leurs gigantesques défenses. Par surcroît de prospérité, avant de regagner son pays, il avait pu enfin réaliser un de ses vœux les plus ardents.

Un jour que son maître lui avait dit : « J'ai du monde à dîner, il me faudrait un peu de gibier, » Gazaïn s'était levé bien avant l'aube, et s'était acheminé tout seul du côté de la vallée d'Ouïen-Négous, où les arabats pullulent. Ils s'y trouvèrent deux chasseurs, lui et le lion que depuis longtemps il brûlait de rencontrer. Comme s'il flairait un ennemi, ce dernier se prit à rugir, à fouetter la terre de sa queue, à hérisser sa fauve crinière ; tout son corps se contracta sur lui-même, et il allait s'élancer; mais un éclair, bientôt suivi d'un autre, jaillit du fusil de Gazaïn, et, atteint à la fois à la tête et en avant de l'épaule, le roi de la vallée s'affaissa sans vie sur le sable.

Avant dix heures du matin, Gazaïn était de retour à Massouah, suivi d'un chameau qui portait, d'un côté, le gibier demandé par son maître; de l'autre, la dépouille de son gibier à lui. Cette fourrure, il ne l'eût pas troquée contre une couronne. C'était un trophée devant lequel pâlirait la gloire du guerrier de son village à la hutte duquel étaient appendus le plus de guéday humains. Une ovation accueillerait le retour du chasseur au milieu des siens; les jeunes filles se disputeraient son amour, et, lorsqu'il lui plairait de travailler à la procréation de l'espèce humaine, son premier-né dormirait sur la dépouille du lion. Or, en Abyssinie, un tel lit est un luxe réservé aux princes, et l'enfant qui a grandi dans un tel berceau ne peut manquer de devenir fort et brave comme le redoutable animal qui en a fait les frais.

Les affaires qui m'avaient appelé à Massouah étaient à peu près terminées, lorsqu'on signala un navire européen à la corne duquel se déployait un pavillon inconnu. Ce pavillon était celui de la France, et ce navire était le brick la *Grenouille*, appartenant à la maison Régis frères, de Marseille. Je courus au port.

Le brick français partait le lendemain pour Djeddah, et le capitaine Bisson m'offrait obligeamment passage à son bord.

On mit à la voile dès le point du jour, par un vent du sud qui tomba dans la nuit suivante, et fit place à une brise carabinée du nord-est, avec laquelle le navire ne pouvait que louvoyer de la côte d'Afrique à la côté arabe, s'élevant en latitude avec tant de lenteur, qu'il nous eût fallu plus d'un mois pour nous rendre à notre destination.

Le troisième jour, le vent fraîchit encore; le quatrième, il souffla par rafales si violentes, que nous dûmes fuir à la cape, tous les ris pris, sur une mer blanche d'écume, comme si à sa surface eût flotté une couche de neige.

Au dixième jour de route, un des Malgaches qui faisaient partie de l'équipage se plaignit d'une légère indisposition. Son mal empira dans la nuit, et, le lendemain, on le trouva mort dans son hamac. Ses camarades l'y roulèrent comme dans un linceul, et, la nuit venue, il fut déposé sur le gaillard d'avant avec un falot allumé près de la tête. Il était chrétien et catholique comme ses compagnons. Aussi ces derniers passèrent-ils la nuit à psalmodier les prières de l'église romaine. Le vent qui mugissait dans les agrès accompagnait cette récitation monotone de ses aigres clameurs; la vague venait battre régulièrement contre les flancs du navire avec le bruit sourd d'un coup de baguette sur une caisse tendue d'un crêpe, et les éclaboussures tombaient sur le mort comme les gouttes d'eau bénite que l'on jette sur une bière.

Le capitaine, désirant atterrir à quelque île pour y enterrer le malheureux Malgache, fit route toute la nuit, le cap sur les îles le plus à l'ouest de l'archipel de Farsan. Mais, au jour, le navire se trouva par le travers de brisants formidables : il fallut virer de bord. Comme les vingt-quatre heures de délai prescrites par la loi étaient écoulées, on ouvrit les panneaux d'un sabord; l'extrémité de la planche sur laquelle était couché le cadavre fut appuyée contre l'ouverture; l'autre extrémité fut soulevée, de manière à former un plan incliné, sur lequel les dépouilles mortelles du matelot glissèrent pour tomber dans l'éternité, et l'abîme se referma sur sa proie.

Ce ne fut que dix-sept jours après notre départ de la côte d'Afrique que la *Grenouille* vint mouiller à l'entrée d'une rade que la vase comble peu à peu, et que ferme presque entièrement une double ligne de récifs.

Au fond de cette rade, de la mer au sommet d'une colline peu élevée, se déploie un amphithéâtre de maisons blanchies à la chaux, qui, de loin, ressemblent à des cubes de pierre de taille épars sur un chantier. Du milieu de ces maisons montent les fûts d'une dizaine de minarets d'ailleurs peu élégants, et dont quelques-uns penchent. Une vieille muraille, dont les angles saillants sont protégés par des fortins, enferme le tout dans son enceinte. En deçà des maisons, des barques arabes dorment sur leurs ancres comme des oiseaux de mer fatigués, tandis que de légères embarcations gagnent le large sous le souffle de la brise qui gonfle leur voile triangulaire.

Tel est l'aspect sous lequel Djeddah apparaît au voyageur qui arrive comme nous du côté de la mer.

Du côté de la terre, ce port de la Mecque, qui est, en outre, la seconde ville du Béléd-el-Ahrameïn, est enveloppé de toutes parts par un morne désert, paysage de sables et de montagnes nues qui flamboient sous un ciel rutilant, et où l'œil attristé ne s'arrête que sur des buissons rachitiques et sans verdure, sur des tombes humblement couchées autour d'une coupole blanche; celle-ci marque la fosse d'Ève, la mère des races humaines.

Quand à la ville elle-même, ses maisons sont vastes et bien bâties; quelques-unes, par l'air étrange de leur architecture, font penser aux pagodes malabares. Toutes sont remarquables par l'ornementation qui enjolive les portes et les *mouscharabiéh*, quelquefois trop surchargées de fleurs dans le goût indien, mais souvent admirables de richesse et de grâce. Du reste, hors le trèfle, auquel les portes et les fenêtres empruntent leur gracieux enchevêtrement de courbes, et qui aime à courir en dentelles de pierre sur les terrasses des mosquées, rien ne rappelle la manière nationale. C'est que l'art arabe, voyageur comme le Bédouin, aventureux comme les chefs qui promenèrent l'étendard du Prophète sur la plus grande partie de l'ancien monde, émigra de bonne heure avec les khalifes, sema en enfant prodigue toutes ses merveilles de Samarkand au Maroc, de Cordoue au Caire, et s'éteignit sur la terre étrangère ; si bien que c'est à peine s'il est resté souvenir de lui dans la péninsule où il prit naissance.

Mais le côté le plus saillant de Djeddah est à coup sûr la variété infinie des races et des costumes. Tous les peuples de l'islam se sont donné rendez-vous sur ce coin de terre, héritage d'Abraham et d'Ismaël, berceau du Prophète, patrie de tant de héros. Tandis que les trois portes de Djeddah vomissent des flots de caravanes, des nuées de barques arabes, nombre de gros navires de l'Inde, lui apportent les produits des quatre parties du monde, ainsi que des milliers de pèlerins qui, en mettant le pied sur cette plage bénie, doivent se dépouiller de leurs vêtements, et s'envelopper de la toile qui leur servira un jour de suaire.

Aussi, rien de pittoresque comme les rues populeuses de cette Babel en miniature, quelques mois avant et quelques mois après le pèlerinage.

Partout ce sont des groupes de Malais ou d'Indiens habillés d'étoffes éclatantes; partout des Takrouris presque nus dorment, hommes et femmes, derrière le premier pan de muraille qui projette un peu d'ombre. Ici des djellabs donakil poussent vers les bazars des esclaves de toutes les parties de l'Afrique qui iront peupler les harems de l'Orient. Là passent des derviches persans ou des santons arabes déshabillés et poilus comme des saints Jérôme. Plus loin, de pauvres Bédouins insoucieux du soleil et des bouffées du simoun qui viennent de terre, drapés fièrement dans leur sayon de grosse bure que relève le fourreau de cuivre de la djambiéh et la tête enveloppée dans les plis de la saumada rouge rayée de soie jaune, surveillent leurs chameaux accroupis à terre.

A côté du Bédouin, qui a gardé les allures indépendantes aussi bien que les traditions hospitalières du désert, vont et viennent des citadins, au caftan de soie traînant jusqu'à terre, au turban de cachemire ou de mousseline éclatante de blancheur. Çà et là, des femmes voilées glissent dans la foule, comme des fantômes dont on ne voit que les grands yeux noirs et les mains rougies par le henné. Au milieu de cette cohue vaguent des

Arnautes, dont la ceinture de cuir se hérisse de poignards et de pistolets; des Turcs caracolent sur de magnifiques cavales arabes; des cheiks fuient sur des dromadaires dont le trot rapide fait voltiger derrière eux les plis de l'abbayéh blanc.

Si c'est un vendredi, vers le milieu du jour, une légion de kawas au long rotin ouvrent un large sillon à travers cette mer de turbans de toutes les couleurs; des hizam à pied, des kourder à cheval viennent derrière eux; derrière ceux-ci, des musiciens remplissent l'air du fracas assourdissant de leurs timbales; derrière encore, un homme monté sur un magnifique cheval, dont la housse couverte de sequins resplendit au soleil, s'incline à peine devant la foule tremblante : c'est le pacha du Béléd-el-Ahrameïn, qui se rend à la mosquée pour la prière publique.

A cause de sa position au bord de la mer, contre laquelle le désert qui l'environne semble l'acculer, la température de Djeddah est plus élevée que sur nul autre point du littoral arabe. Ce n'est guère que sur le soir que l'Européen peut se hasarder hors de l'*okél* où il a pris son logement, alors que la brise du large jette un peu de fraîcheur dans l'atmosphère raréfiée par la chaleur du jour.

Il est, non loin du port, une grande place, quadrilatère irrégulier, dont trois côtés sont des lignes continues de cafés. Là se réunit, au tomber de la nuit, tout ce qu'il y a d'hommes dans la ville. Les lampes s'allument, le *toumbéki* brûle dans le godet de terre des narguiléh; une odorante vapeur enveloppe la foule des fumeurs nonchalamment couchés sur les sérirs, tandis qu'un conteur dit de longues histoires burlesques ou merveilleuses, ou lit à ses auditeurs silencieux le roman d'*Antar*, ou leur récite l'épopée populaire dont Abou-Zeïd, le chevalier errant des légendes arabes, est le gigantesque héros.

Un de ces cafés sert de corps de garde à quelques soldats irréguliers, qui, lorsque la foule s'est retirée, vont s'asseoir à l'écart et passent la nuit à tourmenter les cordes d'airain d'une guzla à long manche et à caisse sonore, très-petite, sur laquelle ils répètent les airs doux et tristes des villages rouméliotes ou des montagnes de l'Albanie, souvenirs dévorants qui font pleurer comme des enfants ces aventuriers, moitié bandits, moitié soldats, que ne défend point du mal du pays l'arsenal suspendu à leur ceinture.

A cette heure aussi, les femmes vont respirer le frais sur les hautes terrasses; les causeries s'y prolongent bien avant dans la nuit, et, si vous traversez un peu tard une rue déserte, écoutez : des paroles mystérieuses, que murmurent de petites voix flûtées et mignardes, se croisent au-dessus de votre tête, emportées par la brise.

Longtemps après que tout bruit s'est assoupi dans la ville, au-dessus des lamentations de la vague sur la grève, monte le bruit du tam-tam qui anime les danses des matelots à bord de leurs navires.

Lorsque ce dernier bruit s'est éteint à son tour, la voix du *mohaden* ne tarde pas à se faire entendre, solennelle comme un cri de la terre vers le Dieu de lumière, dont le soleil se lève en ce moment derrière le rideau d'azur des montagnes de la Mecque.

Il y aurait certes beaucoup à dire sur l'importance politique et commerciale de Djeddah, qui est peut-être le plus riche marché de l'Asie ; ce serait surtout le lieu de parler de la Mecque, de son influence sur le monde musulman comme centre religieux, et du temple qui y attire annuellement plus de quatre-vingt mille pèlerins. Mais, outre que je courrais le risque de répéter ce que tant d'autres ont déjà dit, des prétentions aussi ambitieuses ne sauraient convenir ni au cadre que je me suis tracé, ni au caractère plus modeste de ces simples récits de chasseur. Je me borne donc à transcrire ici, en le faisant précéder de quelques détails topographiques indispensables, un épisode de la guerre contre les wahabites, ces terribles sectaires que Méhémet-Ali vainquit sans les dompter. Cet épisode a pris place depuis longtemps parmi les contes qui ont cours sous la tente du Bédouin, et je lui trouvai un cachet particulier, je ne sais quelle saveur du désert que je m'estimerais heureux d'avoir conservé à ma version.

En sortant de la Mecque, la route du Nesdj, ou plateau central, s'engage dans les montagnes de la chaîne arabique, gravit le djebel el Kara, redescend ensuite par le versant oriental vers une bourgade cachée au creux d'une gorge qu'emplissent des vergers d'amandiers, d'abricotiers, de citronniers. Comme des prisonniers qui retrouvent enfin leur liberté, les maisonnettes du village semblent se fuir et se dispersent capricieusement au bord des eaux vives, dans la moire mouvante des arbres en fleur, sous des berceaux de vigne peuplés de bulbuls qui chantent leurs amours avec les roses. La stérilité des montagnes de granit qui encaissent la vallée, l'aspect plus lugubre encore de la plaine qui fuit dans un horizon infini de solitudes arides, donnent un prestige de plus à la riche oasis. Ce riant Éden, que les riches seuls vivifient pendant les mois les plus chauds de l'année, s'appelle Taïf.

Au delà de l'heureuse bourgade, la route s'enfonce dans des steppes torréfiés du soleil. Au bout de trois longues marches, le voyageur voit son dromadaire doubler l'impétuosité de sa course en humant l'air, comme s'il sentait passer l'humide fraîcheur de l'eau.

Tout à coup, le sol semble se dérober sous ses pieds; son œil plonge jusqu'au fond d'un large sillon creusé par les pluies qui tombent l'hiver dans les montagnes, et de ce repli de l'immense plateau jaillit comme par enchantement un merveilleux paysage. Une forêt de dattiers remplit toute la largeur de la vallée, se tord comme elle en vastes ondulations qui ont l'air de s'amoindrir à mesure qu'elles s'éloignent, puis s'éteignent en un filet indécis comme une légère traînée d'azur à la surface d'un plan rougeâtre. Des villages aux maisons de brique simplement séchée au soleil s'adossent contre le revers de ce sillon tortueux; d'autres se perdent au milieu des dattiers, sous les larges feuilles des figuiers. Le vent répand au loin cette senteur si saine que la végétation abandonne à l'air.

Dans ce torrent de verdure qui a remplacé les eaux d'orage, les colombes roucoulent, les oiseaux gazouillent, les coqs chantent, les femmes s'appellent d'un village à l'autre; des esclaves noirs, occupés à puiser de l'eau, charment leur rude labeur par quelque mélodie africaine suave et douce, et les bascules des puits grincent comme une plainte au milieu de tout ce calme bonheur. Ces bruits de la vie se multiplient à mesure que l'on s'abaisse vers la forêt, que l'on pénètre plus avant sous la voûte toujours verte des palmes bruissant, ainsi qu'une eau courante, au souffle de la brise. Enfin, à travers ces colonnes aux fûts grisâtres, autour desquelles s'enroulent des jasmins odorants ou des dolichos dont les fleurs ressemblent à un papillon d'azur, l'on arrive au lit du torrent, encombré de sénés, de coloquintes, de tamarins nains dont les branches ploient sous le poids de guêpiers verts et jaunes, criblé de puits autour desquels se pressent d'innombrables troupeaux de chameaux, de moutons, de chèvres.

Cette vallée, c'est l'ouadi Tarabah; ces villages sont ceux des Béni-Bougoum; ces esclaves noirs, dont la sueur fertilise les dattiers, appartiennent à leurs sept fractions, ainsi que la fôret parfumée, ainsi que les troupeaux mugissants.

Les Béni-Bougoum sont une des plus puissantes tribus du Beléd-el-Ahrameïn. Ils comptent près de soixante mille fusils, c'est-à-dire soixante mille hommes pour la guerre. L'ouadi Tarabah n'est qu'une partie de leurs richesses; leurs troupeaux sont immenses, et, tandis que les esclaves noirs, commis à la culture des dattiers, gardent l'ouadi, la tribu elle-même couvre les déserts de l'est de camps qu'elle transplante de pâturage en pâturage, jusqu'au moment où la maturité des dattes la rappelle vers sa fertile vallée.

Or, il y a trente-six ans, au moment où la horde vagabonde était ainsi dispersée dans les steppes, les noirs envoyèrent courrier sur courrier à leurs maîtres pour les prévenir de l'approche des régiments égyptiens, commandés par Mahomed-Bek, beau-frère de Méhémet-Ali. Ces régiments n'étaient que l'avant-garde de l'armée avec laquelle le vice-roi, qui n'avait pas encore quitté la Mecque, allait s'élancer lui-même à la poursuite des wahabites et de Sohoud, leur chef.

Au reçu de ces nouvelles, les Béni-Bougoum se hâtèrent de regagner leurs plantations, qu'il s'agissait de défendre. Ils arrivèrent trop tard : les Égyptiens avaient envahi l'ouadi, et ses arbres étaient complétement dépouillés de leur dattes à moitié mûres. Un premier engagement eut lieu. Devant les masses de Bédouins, l'avant-garde, qui craignait d'être coupée du gros de l'armée, battit en retraite jusqu'au puits de Kharredj.

Quand le bruit de cet échec parvint au pacha, en voyant des rides d'un sinistre augure plisser son front, tous les officiers tremblèrent. Pourtant la formidable colère de Méhémet-Ali se contenta d'une seule victime; le vice-roi cassa lui-même la tête au malheureux courrier d'un coup de pistolet; puis il fit immédiatement mettre en marche tout ce qu'il trouva de Nizams et de cavalerie sous sa main, et partit de sa personne dans la nuit.

Le lendemain au soir, il rejoignait son avant-garde au puits de Kharredj, autour duquel tombèrent encore deux ou trois têtes, et, le jour suivant, au coucher du soleil, l'armée tout entière se remit en route.

Au matin, elle n'avait plus entre elle et l'ouadi Tarabah qu'un espace d'une profondeur d'un peu plus d'une demi-lieue, sur lequel galopaient des nuées de cavaliers montés sur des chevaux de race *nesdji* pure, ou des dromadaires légers comme le vent. Des cris de guerre partaient de chacun de ces tourbillons, qui passaient et repassaient devant le front de bataille des Égyptiens.

A un moment donné, toute cette tourbe se rua avec furie sur les colonnes de Nizams et les enveloppa d'une ceinture de feu.

Alors une autre ligne de feu s'alluma le long des rangs égyptiens, et le vide qui séparait les deux armées se remplit de nuages de fumée noire, que les balles perçaient en tous sens et que le boulet turc déchirait de seconde en seconde. Deux fois les Béni-Bougoum se lancèrent sur les rangs ennemis, à travers cette sombre brume; deux fois leurs longues lances, ornées de houpes de plumes d'autruches noires, se croisèrent avec les baïonnettes des Nizams; deux fois ils durent reculer sous le feu meurtrier qui les accueillait. A ce dernier mouvement de retraite, une des divisions égyptiennes, venant à s'ouvrir comme un battant de porte, démasqua la cavalerie turque, ouragan rapide qui atteignit les Bédouins, rompus par la mitraille, et les rejeta dans la vallée. Le terrain qu'abandonnaient les Béni-Bougoum demeurait couvert de leurs morts.

Au nombre de ces derniers se trouvait le cheik des Béni-Sinan, l'une des sept fractions, jeune homme de vingt-cinq ans à peine, auquel obéissait les contingents de toute la tribu. Il laissait deux enfants en bas âge et une jeune femme renommée dans l'ouadi par sa beauté et son énergie toute masculine. Elle s'appelait Ghalia. Bien qu'elle n'eût alors que seize ans, c'était une femme de haute taille, svelte comme les palmiers sous lesquels elle était née, agile comme les cavales indomptées qu'elle montait avec l'assurance et la dextérité d'un cavalier consommé.

Quand on lui rapporta le cadavre de son mari, au lieu de pleurer comme les autres veuves, Ghalia dépouilla ce corps mort de la cotte de mailles rouge de sang, faussée par les balles, qui le couvrait de ses plis de fer, et s'en revêtit. Prenant ensuite une lance et jetant derrière son épaule un fusil à mèche, elle s'élança sur les reins d'une jument noire comme l'aile du corbeau, et, dirigée par le bruit de la fusillade, elle vola au-devant des Égyptiens.

Démoralisés par leur défaite, les Béni-Bougoum fuyaient devant eux. A cette vue, la jeune femme poussa un cri de rage ; elle éclata en reproches qui firent monter le rouge au front des fuyards et les ramenèrent au combat. Il y a chez ces ardentes natures du désert des paroles qui font explosion, des fibres qui s'irritent au moindre toucher, des sentiments qu'on ne remue jamais en vain.

Élevée sous la tente, bercée avec les légendes bédouines pleines du même amour exalté pour la gloire, des mêmes délicatesses pour la femme qui ont inspiré le *romancero* espagnol et nos contes de chevalerie, il avait suffi à Ghalia de quelques mots pour transformer en héros ces mêmes hommes qui fuyaient un instant auparavant. D'ailleurs, comment auraient-ils reculé quand une femme, presque une enfant, leur donnait l'exemple?

Ensuite, il y avait en elle, en ce moment, quelque chose de surhumain. Le vent agitait sa chevelure d'ébène; le soleil faisait flamboyer sa cotte de mailles; sa cavale, dont les naseaux sanglants aspiraient la vapeur de la poudre, bondissait furieuse. Puis chez la jeune femme, par un bizarre phénomène, tout à coup la voix de la colombe avait fait place au cri rauque de la panthère, et, à son air inspiré, à sa lèvre dédaigneuse, à son œil étincelant comme le fer des lances, à la voir passer au milieu du tourbillon qui semait la mort autour d'elle, les Béni-Bougoum durent la prendre pour une prophétesse.

Aussi il se forma au-devant des Égyptiens un mur d'hommes si épais, que le boulet y mourait dans la chair sans le rompre. Des corps vivants remplaçaient sans cesse les corps morts; les cimes des dattiers se remplirent de tirailleurs dont le feu plongeait dans les rangs ennemis ; à chaque instant des Bédouins nus, sans autres armes que le sabre et le poignard, se ruaient sur les Nizams, qui ployaient sous ce choc irrésistible; le feu s'éteignait, parce que les canons des fusils se remplissaient du sang qui découlait le long de la douille des baïonnettes, toutes tordues à force de percer des poitrines; les mourants se jetaient au cou des Égyptiens et les poignardaient; d'autres saisissaient les canons par la gueule, ou cramponnaient aux affûts leurs mains fermées par la mort. On eût dit que ces hommes n'avaient d'autre but que d'enterrer les pièces sous un amas de cadavres. Méhémet-Ali lui-même était frappé de stupeur; ce n'était plus à des êtres humains qu'il avait affaire, mais à une horde de bêtes fauves furieuses; ce mépris de la mort, cet héroïsme allaient jusqu'à l'insanité la plus effrayante. Il dut reculer devant cette tempête.

Le lendemain, dès l'aube, l'attaque recommença. La résistance des Bédouins fut aussi opiniâtre, et, pour la deuxième fois, Méhémet-Ali fut contraint de battre en retraite.

Le troisième jour, le pacha fit attaquer le principal village de l'ouadi. Les Béni-Bougoum le défendirent assez longtemps pour y attirer l'effort principal des Égyptiens.

Tout à coup, des clameurs retentirent du côté opposé : c'étaient des masses de cavalerie compactes, serrées, qui s'abattaient sur les derrières de l'armée du vice-roi, en même temps que les Bédouins évacuaient le village, en laissant l'incendie allumé dans chaque maison. Les cartouches sautaient dans les gibernes des Nizams; des compagnies entières se trouvèrent enfermées dans les flammes et y périrent. Il fallut fuir une troisième fois sous l'avalanche de cavaliers conduits par Ghalia, qui était partout, belle, échevelée, rugissante comme l'esprit des batailles.

Méhémet-Ali écumait de rage.

— Dix mille bourses à qui me débarrassera du chef des Bédouins ! s'écria-t-il en passant au milieu de ses beaux régiments décimés par trois jours de lutte.

Alors, un prisonnier qu'emmenaient les Nizams ne put s'empêcher de dire :

— Combien payeras-tu donc la tête des hommes si tu estimes à un si haut prix celle d'une femme?

— Que dit ce chien ? demanda le pacha.

— Je dis, continua l'Arabe, qu'en ce moment les Béni-Bougoum n'ont d'autre chef que Ghalia, la femme d'un de leurs cheiks tué le premier jour de bataille!

Le vice-roi, confondu, hésita un moment. Il y avait en cet homme extraordinaire deux natures qui se disputaient tous les actes de sa vie, comme le bon et le mauvais ange. Cette fois, les bons instincts l'emportèrent sur son orgueil en révolte.

Le prisonnier, mis en liberté, fut chargé de porter aux Béni-Bougoum les propositions du pacha.

Méhémet-Ali, entraîné par son admiration pour tout ce qui était grand, n'avait plus que du respect pour le chef qu'il avait vu passer dans la mêlée comme un météore, et dont il avait été au moment de mettre la tête à prix. Aussi lui offrit-il la paix. Non-seulement ses régiments respecteraient les plantations et les troupeaux des Béni-Bougoum, mais encore il payerait le prix du sang, pour qu'entre lui et les Bédouins il n'y eût plus de prétexte d'inimitié. Quant à la femme qui s'était faite homme pour sauver l'indépendance des siens, il lui réservait les honneurs que l'on ne rend d'ordinaire qu'aux chefs que leur bravoure et leurs services militaires ont élevés au-dessus de tous.

Ces propositions furent acceptées, et, deux jours après, Ghalia, suivie des notables des sept fractions, ainsi que d'une nombreuse escorte, se rendit sous la tente de Méhémet-Ali.

En dépouillant la cotte de mailles, la jeune femme avait repris les habits et la timidité de son sexe. Elle avait la figure découverte comme toutes les Bédouines : aussi put-on la voir rougir, lorsqu'aux approches du camp égyptien, les soldats, entraînés par leur enthousiasme instinctif, se précipitèrent sur son passage pour acclamer et applaudir l'héroïne, et, quand le vice-roi attacha lui-même sur le mésayèh de soie de son ennemie les insignes du grade de colonel, consistant en une étoile et un croissant de diamants, Ghalia, la veille impassible sous la mitraille, put à peine balbutier un remercîment.

Depuis lors, les Béni-Bougoum ne prononcent qu'avec orgueil le nom de Ghalia-Bek, qui vainquit Méhémet-Ali par trois fois.

Un mois s'était écoulé depuis mon arrivée à Djeddah. J'avais retrouvé M. Arnaud, dont la santé s'était un peu améliorée, mais qui était toujours trop gravement malade pour qu'il fût possible de songer à une seconde excursion dans l'Yémen. Nous nous disposions donc à regagner l'Égypte, lorsqu'un accident imprévu vint nous donner un autre compagnon de voyage. Ce fut M. Fresnel, notre savant orientaliste, consul de France en Arabie, en qui j'avais trouvé cet accueil dont les voyageurs qui ont visité la mer Rouge pourraient dire la cordialité et les formes pleines d'une urbanité de si bon goût.

Un soir, dans sa promenade habituelle hors des remparts de la ville, il arriva à M. Fresnel de passer à côté d'un camp de cavalerie turque irrégulière et d'être accosté par un soldat ivre qui, après avoir vomi contre lui les injures les plus grossières, lui lâcha un coup de pistolet presque à bout portant. Heureusement, la main du misérable trembla, et M. Fresnel en fut quitte pour entendre la balle siffler à ses oreilles.

Tout cela s'était passé à dix pas d'un *sandjâk*, ou chef d'escadron, qui se refusa à faire arrêter ce frénétique. Haçib-Pacha, gouverneur de la province, se refusa également à punir l'officier et l'assassin, et M. Fresnel dut se résoudre à partir avec nous. Ses préparatifs et les nôtres furent bientôt terminés; une barque fut affrétée pour Kosséir, et le départ était fixé au vendredi suivant, jour que les musulmans estiment heureux, lorsque mourut un autre des matelots de la *Grenouille*. Cette circonstance fit encore ajourner le moment où nous devions quitter une côte aussi inhospitalière.

Il est au sud de Djeddah une petite coupole entourée d'une clôture en ruine que l'on appelle Abou-el-Aïoun (le père des fontaines) : c'est le cimetière des chrétiens.

Nous nous joignîmes au cortége qui accompagnait le malheureux matelot à sa dernière demeure. C'était, d'ailleurs, un pèlerinage pieux à la tombe de tant de pauvres voyageurs comme nous que la mort était venue surprendre en route, si loin de la terre natale, et qui dormaient sous le sable humide de cette grève désolée sur laquelle la vague dit sans cesse un chant de deuil.

Nous entrâmes avec un indicible serrement de cœur sous l'étroite voûte qui sert de chapelle mortuaire. La porte de ce champ de repos éternel avait été brisée par des mains sacriléges; des ossements humains, que les chiens avaient rongés à moitié, étaient épars sur le sol. Poursuivis de la haine des musulmans pendant leur vie, ici les chrétiens ne sont pas même sûrs de trouver dans la tombe un asile inviolable. Pendant l'occupation égyptienne, les officiers européens au service du vice-roi s'aperçurent que les tombes de leurs camarades étaient violées par suite de la plus absurde des superstitions. Pour se guérir de la stérilité, les femmes arabes se rendaient de nuit dans le cimetière d'Abou-el-Aïoun, en foulaient les tombeaux, se couvraient de cette terre mêlée de détritus humains, et se purifiaient ensuite par une ablution religieuse. En se retirant, elles emportaient des os qui, réduits en poudre et pris à l'intérieur, devaient les rendre fécondes. Il en venait de toutes les tribus voisines, et même de la Mecque. Quelques-unes furent arrêtées par des patrouilles et mises sous le bâton ; mais cela ne découragea point ces malheureuses.

On essaya alors de clore le cimetière; mais la porte de l'enceinte fut brisée, et les profanations recommencèrent.

XI

Enfin, le jour du départ arriva, et la saïa qui devait nous emporter vers l'Égypte mit à la voile.

Depuis la reine de Saba, depuis Salomon, dont les flottes, parties du fond du golfe Élanitique s'en allaient chercher l'or d'Ophir, sur la côte orientale d'Afrique, il est probable que la navigation des Arabes n'a pas plus progressé que leur architecture navale. Se hasarder en pleine mer est toujours une affaire capitale pour leurs marins, qui ne s'y décident qu'après avoir invoqué le Prophète et toute une légion de santons. Encore, chaque vague, chaque bouffée de brise un peu fraîche jettent-elles la consternation dans tout l'équipage.

Aussi devions-nous nous résigner à longer longtemps la côte de la péninsule; à marcher le jour seulement, sans jamais perdre de vue les montagnes; à chercher chaque soir un refuge au fond de quelque crique bien tranquille ou derrière un îlot, derrière un récif qui brisât la lame.

Mais, s'il a peur de la haute mer, en revanche le marin arabe n'a point son pareil pour courir au milieu des bancs de madrépores qui bordent les deux rives de la mer Rouge. Il n'a pas besoin de carte pour glisser au milieu de ce dédale d'écueils, où un canot européen n'avancerait que la sonde à la main; il en connaît les moindres détours, les passes les plus étroites. Pêcheur ou fils de pêcheur, son enfance s'est passée à aller de l'un à l'autre; ils lui sont familiers, presque amis; et vous diriez que ce n'est point lui qui prend la peine de les éviter, mais bien eux qui se rangent sur son passage! D'ailleurs, sa barque, à laquelle il y aurait tant à reprendre quant à la construction et au gréement, et qui presque toujours fait eau par toutes les coutures, semble construite exprès pour ce terrible jeu de bague dont votre pilote vous régale tout le long du jour. Elle obéit à la barre avec la souplesse, avec la docile précision du cheval le mieux dressé; son énorme voile lui donne le vol rapide des mouettes; le plus fin voilier de nos navires ne pourrait serrer le vent d'aussi près, et la plus mauvaise de ces grossières embarcations peut courir presque dans le lit de la brise, qui pourtant souffle du point sur lequel elle a le cap.

Nous nous trouvions précisément dans ce dernier cas, c'est-à-dire que le vent, soufflant du nord-est, nous était tout à fait contraire. Aussi pour parcourir une distance que l'on franchit ordinairement en deux jours, nous en fallut-il huit, après lesquels nous vînmes mouiller à Racko. C'est le nom que l'on donne à une rade assez profonde qui, vue de la mer, semble aller se perdre au milieu d'un bois de dattiers dont les cimes élégantes se découpent sur le fond d'ocre des montagnes arides qui ferment l'horizon du côté de l'est. Une *kariéh* ou village arabe, cachée dans ces dattiers comme un nid d'oiseau, et qui laisse échapper par chacun de ses toits une légère fumée d'azur; au bord de la rade, un fortin turc, autour duquel errent les chevaux des cavaliers irréguliers qui le gardent, tel est le paysage que l'on a devant soi, du point sur lequel nous venions de relâcher.

Les montagnes de l'est sont coupées par une gorge, ou plutôt par une crevasse au fond de laquelle les rayons du soleil ne pénètrent que vers l'heure de midi, et qu'une ligne noire, courant au hasard à travers des sommets chauves tout étincelants de lumière, désigne seule à l'œil.

Il y a trois ans, les ruisseaux qui sourdent du pied des roches granitiques, l'ombre qu'elles projettent sur cette longue fissure, en faisaient le lieu où la tribu à laquelle est échue cette partie de la côte aimait à dresser ses tentes brunes. Aujourd'hui, au contraire, elle l'évite avec soin, et le Bédouin dont les chameaux se sont égarés dans la vallée maudite n'y pénètre qu'en tremblant.

Vers la fin de 1847, la tribu voisine était commandée par un chef que, comme descendant d'un renégat grec, les Bédouins connaissaient surtout sous le nom de cheik Roumi. Or, ce cheik s'opposait de tout son pouvoir à ce que le fortin qui aujourd'hui commande la rade fût élevé. Il y voyait une menace permanente contre l'indépendance des siens, et cela durait depuis un an, en dépit de tout ce qu'avait pu faire Osman-Pacha, gouverneur du Beléd-el-Ahrameïn. Les forces turques de toute la province n'eussent point suffi à vaincre la résistance du cheik, qui commandait à une horde aussi aguerrie que nombreuse.

Un soir, vers l'heure de l'asser, une douzaine de cavaliers, armés comme des hommes qui parcourent des déserts peu sûrs, parurent à l'entrée de la gorge, et s'avancèrent au petit pas vers les camps, composés de quelques tentes seulement, à cause de l'exiguïté de l'espace, qui se succédaient sur toute la longueur de l'étroite vallée.

En passant devant chacune de ces agrégations de familles, les cavaliers se hâtaient de dire qu'ils étaient porteurs d'une lettre d'Osman-Pacha, ainsi que d'un *bénisch* d'investiture pour le cheik ; et les Bédouins de répondre :

— Qu'Allah bénisse le gouverneur et le sultan son maître ! Vous trouverez le cheik à l'autre bout de l'ouadi.

Ces cavaliers étaient des hommes pris dans les corps francs au service de la Porte ; ils escortaient un de leurs officiers, depuis lors tristement célèbre sous le nom de Kourdi-Osman.

Les cavaliers turcs trouvèrent, en effet, à l'entrée de la plaine un dernier camp, près duquel ils mirent pied à terre, et, tandis que les soldats du pacha étaient répartis entre les tentes voisines, le cheik Roumi conduisait l'officier sous la sienne.

La lettre du gouverneur fut lue, le bénisch en drap rouge fut jeté sur les épaules du chef bédouin, et le porteur de ces deux gages de réconciliation fut reçu avec toute la loyale confiance de l'hospitalité arabe. Une esclave lui lava les pieds ; le cheik et son hôte firent la prière du coucher du soleil sur la même natte ; puis l'on apporta le pain et le sel, ces deux symboles de l'alliance qui s'établit entre le Bédouin et l'étranger qui est venu s'asseoir à son foyer, et l'on servit le mouton tué en l'honneur de l'officier turc.

Le repas fini, toutes les figures respiraient la joie. Seul un esclave noir, qui avait vu naître le cheik et dont les cheveux blancs avaient l'éclat de la neige, semblait en proie à une inquiétude qui se trahissait par des signes visibles. Ainsi ce fut avec une répugnance marquée qu'il servit à laver à l'hôte. Quand vint le tour de son maître, il ne put s'empêcher de lui dire à voix basse :

— C'est singulier! le bénisch que t'envoie le pacha, d'un si beau rouge, vu au grand jour, me semble prendre, à la lueur de la lampe, la lugubre couleur du sang!

Le cheik haussa les épaules et alla s'asseoir près du sandjâk.

La tente était pleine : le cheik, ses enfants, ses deux frères, avec leurs enfants aussi, et d'autres parents encore. Ils étaient réunis pour fêter la venue de l'étranger. Ils étaient vingt-deux en tout, tous accroupis en cercle autour de la pièce de bois qui marquait le centre de la tente. L'on servit le café, et la conversation s'engagea.

Lorsqu'elle sembla languir, l'officier turc frappa ses mains l'une dans l'autre, et un de ses cavaliers parut à la porte. C'était un Albanais de haute stature, aux épaules herculéennes, dont la figure respirait la malice, plutôt que la gaieté. Et pourtant un bonnet en peau de chacal, dont la longue queue retombait sur son dos, remplaçait sur sa tête le fez, qui est la coiffure commune. Ce bonnet, entouré de rangées de grelots qui tintaient à chacun de ses mouvements, et taillé en pain de sucre comme le long cornet dont il est de convention de coiffer les astrologues, est ici la marque distinctive des bouffons ou *soutari* que chaque chef un peu important entretient à sa solde.

—Sôfi, dit le sandjâk, tâche d'amuser un peu ces braves gens, qui nous accueillent si bien, et surtout veille à ta langue.

Le bouffon s'inclina en signe d'obéissance, s'assit au milieu du cercle et débuta par ses meilleurs contes.

Les Bédouins se tordaient dans un rire inextinguible, lorsqu'en dehors de la tente un chien se prit à hurler de la façon la plus lamentable. L'esclave noir tressaillit, et, se glissant jusqu'à son maître, lui dit à l'oreille :

— Il paraît que, comme moi, ton chien flaire du sang; je vais faire armer tout le monde, et l'on surveillera de près ces hôtes de malheur.

—Je te le défends, répondit sévèrement le cheik. Laisse-moi, maintenant.

Mais le noir n'avait pas été le seul impressionné par les aboiements funèbres du chien : superstitieux comme des Arabes, les assistants avaient senti tout à coup leur gaieté s'en aller, et Sôfi dut recourir à ses farces les plus burlesques pour dérider leurs fronts une seconde fois.

Pour l'une de ses bouffonneries, il lui avait fallu

un aide, et l'un de ses camarades était accouru. Quand il se fut accroupi sur la natte, ce dernier, simulant une cécité complète, se plaignit de la cataracte qui recouvrait ses yeux d'un voile de ténèbres.

—La cataracte ? fit le soutari, n'est-ce que cela ? Pardieu! je me fais fort de te guérir en moins de rien.

Et, imitant les médecins persans, qui dans tout l'Orient ont le monopole de cette opération, il commença par s'armer d'une bûche qu'il fendit un peu, et dont il se pinça le nez, pour figurer des bésicles. Ensuite, il tira son sabre, saisit la paupière du malade, dont il serrait en même temps la tête entre les deux genoux comme dans un étau, et, se penchant vers lui, il fit le geste de lui enfoncer le bout de la lame dans la prunelle.

Sôfi s'était placé à deux pas du maître du logis et lui faisait face. Quant au sandjâk, quelqu'un qui l'eût examiné en ce moment, l'eût trouvé horriblement pâle ; une seconde plus tard, il s'éclipsait doucement de la tente, tandis que le soutari s'arrêtait au milieu de son opération pour en exiger le prix d'avance.

— L'argent ! disait le bouffon.

— Mais, maître..., criait le patient.

— L'argent ! ou je laisse mon aiguille dans ton œil jusqu'au jour du jugement.

— Mais au nom de Dieu, maître...

— L'argent ! l'argent ! te dis-je.

Le malade, trouvant enfin que le moment était mal choisi pour rechigner, fit semblant de donner ce qu'on lui demandait.

— A la bonne heure, dit Sôfi, dont les yeux, ardents comme des charbons de feu, se promenèrent sur le cercle des assistants, que le rire suffoquait.

Puis il porta lentement la main à la poignée du sabre que le patient soutenait comme si la lame en eût été engagée dans son œil, et se redressant brusquement, ainsi qu'un ressort d'acier, il abattit d'un seul coup la tête du cheik. Bondissant alors par-dessus le cadavre de sa victime, il s'élança hors de la tente.

Un cri d'horreur s'échappa de toutes les bouches, et, à la vue du tronc sans tête qui roulait au milieu d'eux, les Bédouins se levèrent, pâles comme des spectres.

En ce moment de stupeur, la tente vacilla et s'abattit, entraînant tout le monde dans sa chute. Les cavaliers du sandjâk venaient de couper les cordes qui la tendaient.

Alors commença le second acte de ce drame de sang. Prisonniers sous la lourde étoffe en poil de chameau qui les enveloppait de ses plis, les Bédouins firent de violents efforts pour se dégager;

mais tous les points de la toile sous lesquels se trahissait le moindre mouvement furent criblés de coups de fusil, dont la détonation couvrit le dernier hurlement des victimes. Un enfant de dix à douze ans parvint à se glisser dehors; égaré par la terreur, il tomba au milieu des assassins qu'il cherchait à fuir, et une balle lui fracassa le crâne. Un second, âgé de quatre ans au plus, prenait la même direction et allait subir le même sort, lorsque le sandjâk, mû par un reste de pitié, l'enleva de terre et le cacha sous son manteau.

La fusillade ne cessa que quand la tente, étendue comme un suaire noir sur les cadavres, ne fut plus agitée par aucune convulsion. Mais le cavalier turc qui s'était prêté à jouer un rôle dans la dernière farce du soutari demeura parmi les morts : au moment où il allait s'élancer, lui aussi, hors du cercle de ces hommes condamnés à mourir, l'esclave noir s'était jeté à son cou et l'avait étranglé.

Sa sinistre mission remplie, le sandjâk et ses hommes sautèrent sur leurs chevaux, qu'ils avaient eu le soin de ne desseller ni de ne débrider, et s'enfuirent par la plaine qui longe la mer.

Dans chacune des tentes éparses dans la gorge, les Arabes, réveillés en sursaut par l'explosion des coups de fusil, s'étaient dressés à demi sur leurs nattes pour écouter et s'étaient recouchés, en se souvenant que le cheik hébergeait des étrangers. Ces coups de fusil ne pouvaient être que pour faire honneur aux envoyés du pacha. Pourtant, une heure plus tard, la terrible nouvelle se répandit d'un camp à l'autre, et les cavaliers de la tribu se lancèrent sur les traces de l'assassin. Il est inutile d'ajouter qu'ils ne purent les atteindre. Le cheik Roumi mort, Osman-Pacha put élever au fond de la rade de Racko le fortin qui devait commander cette partie de la côte.

Le lendemain, notre barque reprit la mer, et avant le coucher du soleil, nous pûmes doubler le raz el Abiod (cap Blanc), pointe extrême d'une plage aride qui, vers l'est, s'étend jusqu'au djébel Youb.

Des centaines de trombes, soulevées par le vent, couraient au hasard sur la grève, tournant sur elles-mêmes comme un immense fuseau, s'arrêtant quelquefois, et ayant alors l'apparence de colonnes, derniers débris de quelque temple enseveli sous le sable du désert.

Habité par la tribu des Béni-Harb, la plus féroce, la plus inhospitalière de tout le Hedjâz, le djébel Youb tire son nom du saint homme Job, que l'on dit enterré dans ces montagnes. Ce pays semble recéler des ruines considérables.

Yombo, où nous venions mouiller le surlendemain, est le port de la ville sainte de Médine, comme

Djeddah est celui de la Mecque. Seulement, le premier a été à peu près abandonné par le commerce, tandis que le deuxième est devenu l'un des marchés les plus importants de l'Asie.

Yombo est bâti au pied du djébel Radhoua, dont les crêtes se dentellent d'énormes pics qui prennent au soleil les plus belles teintes violettes. Une plage de quelques lieues se déroule au pied de la montagne, et se creuse en une rade assez profonde, dont l'étroite ouverture est encore embarrassée par un banc de polypiers. Un santon, qui repose sous un hangar en feuillage, garde cet îlot de madrépores, et le marin arabe ne manque jamais d'invoquer sa protection, en entrant ou en sortant de la passe.

La ville dort au fond de cette rade calme comme un lac que le soulèvement lent, mais continu, qui a lieu sur cette côte, ne peut manquer d'assécher avant peu. La grève qui l'entoure, brûlée par le soleil, rouge comme la brique, aride, semée de flaques d'eau laissées par les grandes marées, est empreinte d'une indicible désolation. Quelquefois de longues files de chameaux la sillonnent en tous sens; quelquefois un Bédouin, à demi-nu, accroupi sur la selle de son dromadaire qu'ornent toujours des guenilles en drap rouge, brodées de cauris blancs, la traverse avec la vitesse d'une flèche. Ce sont les seuls incidents qui, de loin en loin, viennent animer ce paysage sans vie et sans verdure. La ville elle-même, à moitié ruinée, enfermée dans un rempart en ruine aussi, est plus triste encore que la plage. Le soleil et l'air de la mer dévorent les pierres et la boue salée dont elle est bâtie; le simoun balaye sans cesse la poudre qui se forme sous l'influence de ces deux causes; chaque jour une maison ou un pan de mur s'écroule, et le désert reprend peu à peu son domaine.

Pourtant, lorsque, trois années auparavant, je visitai Yambo pour la première fois, telle ne fut pas l'impression que sa vue laissa dans mon souvenir. Nous venions de Suez, et depuis deux jours déjà l'eau manquait tout à fait à bord de notre barque. La facilité de renouveler à Yambo notre provision dut influer sur ma manière de voir. En Arabie, toute terre où l'eau ne manque jamais est une terre de délices. D'un autre côté, la ville avait ce jour-là comme un air de fête. Elle était pleine de Bédouins au costume pittoresque, aux armes de formes bizarres. Le gouverneur turc payait, en ce moment, aux cheiks des tribus voisines le tribut annuel qui fait que les Arabes tolèrent la domina-de la Porte. Des nuées de sauvages enfants du désert étaient accourus pour cette distribution d'argent. Ces hôtes d'un jour avaient ravivé la ville qui se meurt.

Les cités arabes ont, d'ailleurs, un cachet d'originalité propre, dont la nouveauté frappe toujours l'Européen qui les parcourt pour la première fois. C'est précisément cette absence de la régularité que l'on est habitué à trouver partout dans notre Occident. Ici, au contraire, chaque habitation s'arrange comme elle le peut, de la première place vide. Les rues sont une sorte de labyrinthe étroit, tortueux, se coupant sous toutes sortes d'angles. Tantôt elles sont couvertes par un hangar en bois, grossièrement fait de nattes et de feuillée, qui projette une ombre épaisse sur ces couloirs ; tantôt elles n'ont aucune espèce d'abri pour les défendre d'un soleil de plomb ; et bien avant midi, les chiens hurlent de douleur en courant sur le sable brûlant. Dans ces rues, l'on va du nouveau à l'inattendu, de l'inattendu à l'étrange. Les hommes ne se ressemblent pas plus que les rues ; les costumes pas plus que les hommes. Les bazars populeux offrent le mélange le plus varié d'hommes blancs, cuivrés, noirs, hâlés du soleil, ou pâles comme les habitants des villes, dont la vie se passe au fond d'une échoppe obscure. A cette tourbe de passants habillés de cent manières, bigarrés de toutes les couleurs, se mêlent des femmes perdues dans leur mésayèh bleu ou blanc, et dont on ne voit que les yeux, qui, presque toujours, méritent bien d'être comparés par les poëtes arabes aux yeux des gazelles.

Quelque temps après le pèlerinage, Yambo est encombré d'hommes de toutes les parties du monde musulman qui n'ont pas manqué d'aller courber leur front sur les dalles de marbre sous lesquelles reposent les cendres du Prophète.

Nous y avons vu un grand nombre d'Algériens. L'un d'eux, ancien brigadier dans nos corps de spahis, maudissait, en excellent français, l'élan de dévotion qui l'avait conduit à la Mecque et à Médine, villes saintes dont il parlait avec une irrévérence païenne. N'ayant pas les moyens de regagner son pays, il s'était enrôlé dans les troupes irrégulières au service de la Porte, et s'en consolait en chantant le refrain assez connu : *C'est la mère Michel*, etc.

Le djébel Radhoua, habité par des hordes arabes à demi sauvages, belliqueuses, pillardes et inhospitalières, est un pays inaccessible, même aux Turcs établis à Yambo depuis des siècles. Cette montagne n'est qu'un contre-fort projeté vers la mer par la grande chaîne qui longe toute cette côte d'El-Akabah jusqu'au détroit de Bab-el-Mandeb. Elle doit atteindre une altitude assez considérable, puisqu'on y trouve, sur quelques cimes, des glaciers qui ne fondent que dans les plus fortes chaleurs de l'été. Il n'est pas inutile de rappeler que Yambo est, à peu de chose près, par 25 degrés de latitude nord, c'est-à-dire sous le tropique du

Cancer. Toutefois, les habitants du djébel Radhoua n'ont aucune idée de la neige.

Les gorges qui séparent ces pics géants sont fertilisées par des ruisseaux qui tous se perdent dans les sables en sortant de la montagne. Dans ces gorges, comme à Médine, le caféier réussit encore. C'est probablement là le point extrême de la zone où cet arbre peut prospérer.

Mais le végétal le plus précieux de ces montagnes est l'*amyris opobalsame*, qui donne le baume de la Mecque. On l'obtient en piquant les branches de l'arbuste. Chaque piqûre donne une gouttelette qui est recueillie soigneusement à l'aide d'une lame de canif. Lorsqu'ils sont parvenus à amasser une certaine quantité de ce baume, les montagnards viennent le vendre en ville. A Yambo même, il serait difficile d'en acheter aux marchands qui n'eût déjà été falsifié.

Le djébel Radhoua recèle dans ses replis des forêts considérables : quelques cimes sont couvertes de conifères; partout ailleurs la végétation est encore très-riche, si on la compare à l'aridité de la plaine. Aussi la chasse abonde. Un chérif d'Yambo nous dit qu'on y trouvait six espèces d'antilopes : d'abord la gazelle commune (la corine) que l'on appelle ici *dabbi*; le *rim*, qui serait le *reim* des Hébreux, s'il n'avait qu'une seule corne au lieu de deux qu'il porte réellement; le *bagar-el-*

ouahach (vache sauvage), dont les cornes sont d'une longueur démesurée; *l'enfri* à pelage blanc, le *béden* ou bouquetin; *l'odayhy* à longues cornes parallèles, se recourbant légèrement en arrière. Le damon pullule dans les rochers; la panthère n'est pas rare, pas plus que le caracal et d'autres petites espèces félines.

Il était à peu près neuf heures du matin lorsque nous sortîmes du port d'Yambo. Le vent du nord, que les Arabes désignent sous le nom de *schémal*, parce qu'en se tournant vers les lieux saints le nord est à leur gauche, le vent du nord charriait un brouillard assez dense pour voiler le soleil. Ce brouillard rampait lentement à la surface de la mer, puis allait s'arrêter à chaque saillie de la côte, à chaque piton des montagnes.

Un peu plus tard commença le phénomène le plus bizarre, le plus extraordinaire dont j'eusse jamais été témoin.

— C'est *Iram-dhat-el-Omâd* qui passe, nous dirent nos marins d'un air peu rassuré.

Et, pour conjurer le démon de l'air, ils récitèrent dévotement le fatha, à peu près comme nos bonnes femmes se signent quand il tonne.

Pénétré par les rayons du soleil, le brouillard, qui enveloppait la chaîne, était devenu un peu plus transparent. Les lignes des montagnes, déformées par ce milieu, s'arrangèrent suivant des combinaisons étranges. Des rochers s'arrondirent en immenses tours, ou prirent la forme de palais, de ponts géants jetés sur des abîmes ; les rochers les plus élevés se changèrent en dômes, en minarets sveltes et gracieux ; les pitons les plus hauts devinrent des châteaux ornés d'aiguilles, de coupoles.

Cette immense ville aérienne se déroulait comme un ruban sur toute la côte, suivant la même direction que les montagnes, s'abaissant ou s'exhaussant avec elles. La vapeur était devenue comme une toile grise à la surface de laquelle une main invisible eût tracé une série mouvante de monuments inouïs, impossibles, un amalgame de l'architecture de tous les peuples, de toutes les époques. Les colonnades de Karnàk, les obélisques de Louksor, les pylônes de Thèbes, les pyramides de Giséh, les pagodes de l'Inde, les tours de porcelaine de la Chine, les portiques grecs, les arcs de triomphe romains, la flèche gothique découpée à jour, la coupole persane, le minaret arabe ; il y avait de tout cela dans la miraculeuse vision ; plus, des statues colossales debout, ou accoudées sur une colonne, ou accroupies sur un immense socle. Toutes ces formes se dessinaient en teintes bleues ou violettes, avec un filet de feu sur les contours, sur les saillies.

J'avais vu bien souvent les capricieuses fantasmagories du mirage, avec ses paysages lumineux, ses lacs de vapeurs ardentes, ses arbres qui ne sont en réalité que d'humbles herbes ; souvent j'avais entendu parler de la *fata morgana* qui visite quelquefois Messine ; mais rien ne m'avait paru merveilleux comme la mystérieuse ville des légendes arabes voyageant ainsi dans l'espace.

Voici maintenant la tradition populaire à ce sujet :

Iram-Dhat-el-Omâd fut bâtie, il y a bien des siècles, dans une plaine située entre Aden et Cheik-Othman, par Scheddâd-ben-Ad, roi de l'Yémen, qui, dans son orgueil, voulut qu'elle surpassât en beauté les villes du paradis. Tout son trésor, qui était fabuleux, il le dépensa à élever des palais où tout était acier bruni, argent, or, pierres précieuses, peintures, ciselures, sculptures.

Quand son trésor fut épuisé, le tyran dépouilla chacun de ses richesses pour continuer son œuvre impie, qui, un beau jour, s'évanouit dans les airs : le sang et les larmes d'innombrables victimes avaient attiré la malédiction de Dieu sur Iram-Dhat-el-Omâd. Il la condamna à errer dans l'immensité.

Une fois, un pauvre potier s'en alla dans les champs chercher quelques paniers de terre. Il était nuit ; ses paniers remplis, il les chargea sur son âne et reprit la route de sa hutte, oubliant sa pelle sur les lieux.

Au jour, il se hâta d'aller chercher son outil ;

non-seulement il ne put le retrouver, mais encore il lui fut impossible de reconnaître la place d'où il avait tiré la terre. De retour chez lui, il voulut pétrir l'argile qu'il avait, la veille, déposée dans un recoin obscur; il lui trouva une couleur jaune singulière, puis, en la maniant, il s'aperçut qu'elle était friable et très-lourde. Ce qu'il prenait pour de l'argile n'était que du sable d'or mêlé de pierres précieuses, pris sur le sol de la ville enchantée.

XII

Le vent du nord, qui continuait à souffler avec une persistance désespérante, nous tint prisonniers durant quinze ou vingt jours dans le *scharm* d'Yambo, immense bras que la mer projette vers les montagnes par une coupure de la côte presque imperceptible et qui n'est éloigné d'Yambo que de quatre ou cinq lieues.

Du scharm d'Yambo, nous pûmes enfin gagner l'extrémité méridionale d'un archipel que Diodore de Sicile et Strabon appellent les Cyclades de la mer Érythrée, vaste pépinière d'îles, dont les unes, déjà vieilles, sont semées de salsoles ou entourées d'une bordure de palétuviers; dont les autres, plus jeunes, effleurent à peine la surface de la mer de leur tête encore nue.

Dans les interstices qui séparent celles-ci de leurs aînées, à mesure que le sol sous-marin se soulève, poussé par quelque force d'expansion souterraine, d'innombrables récifs montent lentement avec leurs forêts de coraux, leurs prairies d'algues de toutes les couleurs, et, devenus îlots à leur tour, émergent un à un, ajoutant une moucheture de plus aux mouchetures fauves qui diaprent la robe bleue de la mer. Un cordon d'écueils qui brisent la lame enclôt tout l'archipel. Dans l'intérieur de cette enceinte toujours calme, des bancs de poissons font bouillonner les eaux comme une chaudière en ébullition ; des tortues dorment à leur surface ou se traînent sur le sable humide des grèves, au milieu de myriades d'oiseaux pêcheurs; enfin, ces Cyclades du golfe Arabique semblent être la station principale des Huthem.

Bien qu'appartenant à la race arabe, cette tribu n'a point eu la moindre part à l'héritage des enfants d'Ismaël, et, lorsqu'une de ses familles se hasarde sur le continent, les Bédouins ne manquent pas de lui imposer, comme prix de loyer du coin de terre sur lequel ils lui permettent de descendre, une contribution toujours lourde pour ces pauvres pêcheurs.

Les Huthem n'ont donc d'autre domaine que la

mer, d'autre refuge que les îles de pierre dont les autres tribus n'ont point voulu, d'autre patrie que leurs barques. La plupart d'entre eux ne demandent jamais à la terre ferme qu'un peu d'eau douce pour chaque jour et autant d'espace qu'il en faut à un mort pour l'éternité. Leur vie se passe à poursuivre leur proie à travers les méandres de leurs labyrinthe d'îlots. Les épaves que charrient les courants suffisent aux uns pour se faire une barque; deux branches de palétuvier liées ensemble fournissent un radeau aux autres plus pauvres, et, tandis que les enfants jouent avec la lame sur une nacelle qui n'est pas autre chose que la carapace de quelque tortue gigantesque, on peut voir à chaque moment des troupes de femmes se visiter d'une île à l'autre, en franchissant à la nage, au milieu des requins moins agiles qu'elles, les détroits qui les séparent.

D'ailleurs, la mer, qui a bercé leur premier sommeil, est aux Huthem comme une mère : ses tourmentes n'ont de dangers que pour les autres hommes; ses profondeurs, ils les ont sondées; ils savent ce qu'il germe de perles dans ses abîmes; c'est pour eux ses bancs de poissons de toutes les formes, de toutes les couleurs; pour eux les troupeaux de tortues qui pâturent ses algues; pour eux aussi les dugongs qui se cachent dans ses rochers; c'est pour la tribu déshéritée des bois et des fleurs de la terre que son fond se pave de coraux, de madrépores, arbrisseaux de pierre qui ont des fleurs vivantes aux couleurs bien autrement riches que celles de nos fleurs. C'est pour ses enfants d'adoption qu'elle fait miroiter au soleil ses flots d'azur. Si ses palétuviers sont si feuillus, c'est pour abriter leurs amours; ses fraiches brises soufflent pour eux, et c'est pour eux que sa surface plane reflète les étoiles du ciel, poussière de feu qui tombe du manteau de la nuit dans l'immensité. C'est pour les endormir que ses vagues déferlent sur la plage avec un bruit doux et monotone comme une chanson de nourrice; et, si elle hurle sur les écueils, c'est que, inconsolable comme Rachel, la mer pleure sur ses enfants morts.

Vers le septentrion, l'archipel qui sert d'asile aux flottilles de la tribu de pêcheurs se termine par deux îlots entre lesquels passe un courant rapide qui porte vers le sud. Les barques arabes n'oseraient se hasarder dans ce canal criblé de roches à fleur d'eau, si un santon, qui veille sur elles du haut d'un promontoire, où une hutte marque sa tombe, ne devait les couvrir de sa protection. Aussi, dès que ce cap est en vue, l'équipage récite-t-il dévotement le fatha, tandis que le patron jette une tasse de café et un peu de galette au beurre à la mer, qui se garde bien de toucher à cette pieuse offrande, mais la porte religieusement jusqu'au pied de la tombe vénérée.

Cette île et le saint qui garde ce dangereux passage portent le nom de cheik Marbout.

Notre pilote ne manqua pas de nous citer, comme preuve de la puissance du cheik, l'histoire d'une baghléh du golfe Persique, qui portait du riz à Suez.

Le nakoudah, qui était un esprit fort, un *farmaçoun* (franc-maçon), comme disent les Arabes, dormait profondément au moment où la barque s'approcha de la passe. Le pilote et les marins firent la prière d'usage, et ils allaient jeter à la mer le tribut que tout voyageur paye au saint, lorsque le patron s'éveilla. Non-seulement il s'opposa à ce que les autres se conformassent à l'usage immémorial, non-seulement il but le café et mangea la galette destinée au cheik, mais encore, joignant l'insulte à l'impiété, il courut à la poulaine, et, crachant dans la mer, il ajouta :

— A toi ceci, cheik !

Alors, les marins virent une énorme vague accourir, s'emparer du crachat du nakoudah pour le porter à la tombe du santon. Aussitôt la barque frémit dans toutes ses membrures, comme un homme dont la peur fait trembler tous les os ; la brise qui enflait sa voile tomba brusquement, l'impétuosité du courant se trouva décuplée en une seconde, et la mer gronda de sa voix la plus menaçante. Tout à coup, la baghléh, un moment incertaine, prit sa course sur le dos des lames avec une rapidité effrayante, bondit d'écueil en écueil comme le boulet de ricochet en ricochet, et alla se briser, ainsi qu'une ampoule de verre, contre les rochers que domine le tombeau du cheik. Tout l'équipage se sauva, hors le patron, dont on ne retrouva pas même le cadavre.

Heureusement, malgré le sourire d'incrédulité avec lequel chacun de nous accueillit l'histoire que l'on vient de lire, nous franchîmes sans accident ce détroit redoutable.

Quelques heures plus tard, nos marins laissaient tomber leurs ancres au fond d'un petit bassin circulaire, à dix brasses des huttes qu'une misérable bourgade, protégée par un fortin turc, éparpille sur une plage sablonneuse. Nous étions à El-Ouich.

En remontant la vallée à laquelle fait suite la petite crique où nous venions d'aborder, on arrive, en deux heures de marche, à une citadelle plus grande qui garde quatre ou cinq puits, lieu de station pour la caravane de pèlerins que la Syrie envoie tous les ans aux villes saintes de la Mecque et de Médine.

Les murs de cette forteresse, où nous nous arrêtâmes un moment, présentent alternativement les zones blanches et rouges que l'Égytien aime à peindre sur sa demeure, comme souvenir de l'architecture polychrome qui devait donner tant d'éclat aux monuments élevés par ses pères. Un jardin l'entoure d'une ceinture de dattiers et de figuiers dont la vigoureuse verdure contraste avec l'aridité des collines granitiques voisines. Derrière la citadelle, la vallée se rétrécit tout à coup, et serpente entre deux parois de rochers à pic, dont çà et là les plans sont couverts de grossières figures d'hommes, d'animaux, ou des signes distinctifs que chaque tribu imprime avec un fer rouge sur la cuisse de ses chameaux : tout cela est l'œuvre des chevriers qui gardent leurs troupeaux au milieu des *rôk* (*salvadora persica*), des *tumex roseus*, des gramens rigides, unique végétation de ces montagnes.

A deux journées de marche vers l'est, on trouve une ville dont les Bédouins qui nous accompagnaient dans cette excursion jusqu'à cette deuxième citadelle ne purent nous dire le nom, mais dont les maisons intactes n'ont d'autres habitants que des momies humaines, intactes aussi, que l'on retrouve dans toutes les pièces, les unes assises, les autres debout contre les murs ou couchées sur des estrades de marbre, comme si une destruction instantanée fût venue surprendre la ville inconnue au milieu même de l'agitation de la vie.

Cette cité morte n'est pas le seul vestige d'un

peuple éteint, bien supérieur en civilisation aux hordes farouches qui vivent aujourd'hui sur cette terre des ruines oubliées.

Plus avant encore vers l'est, des portes colossales s'ouvrent dans le flanc d'une montagne composée de masses de sables de toutes les couleurs agglutinés par quelque déluge. Ces portes conduisent à d'immenses excavations que de rares voyageurs arabes ont pu seuls visiter. Tous parlent avec admiration de cês cryptes, taillées, selon toute apparence, aux premiers âges des races humaines, et dans l'intérieur desquelles se succèdent à l'infini des palais soutenus par des colonnes ou des cariatides gigantesques. Partout, dans les rues de la ville souterraine, les murs sont couverts de sculptures en creux, représentant les principales scènes de la vie privée, de la vie publique, de l'histoire religieuse et militaire du peuple qui l'habita. Pas une marche ne manque à l'escalier qui conduit à chacun de ses palais, longue suite de voûtes chargées d'ornements fantastiques, de galeries que gardent des génies de pierre sombres et silencieux. Partout, ce sont des cuisines, des divans ou des banquettes vides semblant attendre les lits de repos qui devaient les recouvrir; des salles de bains où l'eau coule encore par mille canaux; des gynécées mystérieux où le pied du Bédouin butte de loin en loin contre quelque merveilleux joyau oublié sur les dalles par les esclaves chargées de rassasier de caresses le maître que la mort a emporté avec elle depuis bien des siècles. A cette autre ville, le nomade de nos jours a donné le nom de Médaïn-Saléh.

En partant d'El-Ouich, notre saïa dut ranger la côte de plus près encore, de manière à passer entre l'île du djebel Hassani et la terre ferme. Cela nous écartait bien un peu de la route ordinaire des barques qui de Djeddah remontent vers Suez ou Kosséir; mais, avant de quitter la mer Rouge, M. Fresnel tenait à résoudre un problème de géographie ancienne.

Il s'agissait de retrouver les ruines de Leucé-Comé, où, en l'an 24 de J.-C., aborda la flotte romaine qui portait Élius Gallus et son armée en Arabie. Avec sa science infaillible, d'Anville avait fixé l'emplacement du port nabatéen sur la partie de la côte à laquelle les Arabes ont continué de donner le nom de Haoura, qui en syriaque a la même signification que le *Leucos* des Grecs.

Or, de la crique de Deghébéich, où nous pûmes mouiller, et au fond de laquelle une source coule au milieu de touffes de roseaux, ni plus ni moins qu'une naïade des idylles de Théocrite, nous avions devant nous le district de Haoura. La petite rade d'Oum-el-Lidj, avec son castellum romain en lave noire, et l'hémicycle de ruines anciennes qui l'entoure, nous restait à une lieue sur la droite; enfin, nous avions, à une lieue aussi vers la gauche, le port d'Ozbama, vaste, parfaitement sûr, grâce au banc de récifs qui le défend comme un môle de la houle du large, et dans lequel la flotte d'Élius Gallus pouvait tenir à l'aise.

La plage, à laquelle la grande quantité d'ossements humains que les Arabes ont dû retrouver dans les environs a pu faire donner le nom d'Ozhama, est couverte de buttes évidemment formées de décombres, où abondent des débris de poteries, de vases de verre qui témoignent d'une industrie avancée.

Parmi ces buttes, éparses sur un espace de près d'une lieue, nous en remarquâmes quelques-unes de plus considérables, à la superficie desquelles il n'était pas difficile de suivre les traces d'un mur circulaire vers lequel venaient converger une foule de rayons, à peu près comme les jantes d'une roue viennent s'implanter dans le moyeu.

Que penser de ces édifices constellés? Étaient-ce des temples ou des forteresses? Étions-nous en face de quelque singularité architecturale particulière aux Nabatéens, comme les villes elliptiques où tout avait la forme de pyramides tronquées l'étaient aux Hamyarites, et les cités creusées dans les montagnes aux Chananéens de la péninsule? Malheureusement, il est difficile de se faire une idée de ce que fut la ville ancienne. Contre ces restes de murs, le vent a accumulé des sables qui ont tout recouvert de leur suaire.

Un courant d'eau qui se perd sous terre avant d'arriver à la mer, et que les Bédouins emploient à arroser leurs dattiers, devait fournir l'eau douce nécessaire à une nombreuse agglomération d'hommes. Des râk, des nébek, des gommiers rachitiques poussent çà et là du milieu des décombres : au nord et à l'est, une plaine de sable s'étend jusqu'à une première chaîne de montagnes jaunes; derrière celle-ci apparaissent les cimes violettes d'une deuxième ligne, que surmontent les pics d'azur d'une troisième. Au-dessus, un ciel ardent blesse votre prunelle de son éclat. Vers le sud, par une gorge du massif de collines qui vient mourir au bord de la crique de Déghébéich, une forêts de dattiers aux verts panaches descend jusqu'à la mer.

Il faut avoir promené ses regards sur les solitudes que, dans le Hedjâz, le voyageur voit toujours devant lui comme une image de mort; il faut avoir senti tomber sur son cœur l'effroi dont on ne peut se défendre en cheminant sur cette terre où rien ne se meut, hors le linceul de sable qui l'enveloppe, pour comprendre quel bien fait la vue d'un dattier frais, élégant, flexible comme la taille d'une jeune fille, jouant gracieusement au souffle de la brise.

Tel est le paysage qui entoure la ville des Nabatéens, endormie sous la poudre séculaire, au bord du flot bleu de la mer Rouge, qui lui apportait les richesses de l'Inde et de l'Afrique orientale, à la lisière du désert que sillonnaient ses caravanes, au pied des dattiers que plantèrent ses habitants, et dont la postérité, moins fragile que les générations humaines, lui a survécu.

Les Bédouins semblaient nous accompagner à regret, comme si le bruit de nos pas eût dû réveiller les ossements des morts. Eux-mêmes évitent de traverser ce champ de ruines, où le chacal ne trouverait pas à creuser son terrier, et qui n'est hanté que par quelques familles d'*œdicnèmes* au cri funèbre, et par le *mokawi*, autre petit oiseau qui, à chaque minute, s'élève par un bond vertical de huit ou dix pieds de haut, et retombe en tournoyant lentement, les ailes tendues, les longues plumes de sa queue étalées en éventail, en même temps qu'il siffle deux ou trois notes pleines d'une mélancolique douceur.

Les Nabatéens furent, selon toute apparence, une colonie chaldéenne que quelque tourmente politique chassa du bassin de l'Euphrate et fit émigrer d'abord vers la Palestine, puis, en suivant la vallée du Jourdain, vers la singulière contrée au milieu de laquelle s'éleva Préta, leur capitale, que Zénobie, leur dernière reine, défendit héroïquement contre les armées romaines.

Établis sur un sol infertile, les Nabatéens se firent les courtiers entre les peuples de l'Asie occidentale et les marchands de l'Inde et de l'Afrique orientale. Le désert se couvrit de leurs caravanes, la mer de leurs vaisseaux. Ce fut sans doute pour épargner à ceux-ci les dangers et les lenteurs d'une navigation dans le golfe Élanitique ou de l'Akabah, comme on l'appelle aujourd'hui, golfe qui n'est que le prolongement de la vallée de Pétra, et dans lequel souffle sans interruption le vent du nord, que les Nabatéens fondèrent, à Houra, le florissant emporium de Leucé-Comé.

Jaloux des richesses des Nabatéens, ainsi que de la puissance des Hamyarites de l'Arabie Heureuse, les Romains résolurent de se substituer à ces deux peuples pour l'exploitation du commerce de l'Inde. Un simple chevalier fut mis à la tête d'un corps de troupes assez considérable, et la flotte, partie des ports de Bérénice, de Myos-Hormos, de Suez, sur la côte d'Égypte, vint aborder à Leucé-Comé.

Là, Élius Gallus, le général chargé de cette campagne, prit pour guide un Nabatéen du nom de Syllæus, qui, sous prétexte que les routes de terre n'étaient pas praticables, proposa de gagner par mer le pays des Sabéens. Cette seconde navigation ne prit pas moins de six mois, au bout desquels l'armée atteignit enfin les provinces hamyarites. Élius Gallus marcha aussitôt sur Mareb, la ville royale ; mais Syllæus l'égara encore dans des routes difficiles qu'il allongeait à plaisir. Attaqués par d'innombrables ennemis, les Romains en vinrent facilement à bout, grâce à leur discipline et à la supériorité de leur armement ; dans un combat, entre autres, ils tuèrent dix mille hommes et ne perdirent que deux des leurs.

Mais un ennemi autrement redoutable que les Arabes les attendait dans ces longues marches, sous un ciel dévorant : c'étaient les maladies que la fatigue, la faim, la disette ou la mauvaise qualité des eaux rendaient plus terribles. Le scorbut se mit dans les légions, et l'armée dut renoncer à aller plus loin. Elle s'arrêta à deux journées de marche de la ville royale, devant une autre cité hamyarite que des historiens grecs appellent *Caripeta*, et dont M. Arnaud avait visité les ruines en 1845. Élius Gallus revint presque seul en Égypte, et après lui nul n'alla promener les aigles impériales dans les provinces de la péninsule.

Leucé-Comé n'était pas l'unique établissement des Nabatéens sur cette côte. Ainsi, à quelques heures d'Ozhama, se trouve, nous dirent les Bédouins, des ruines mieux conservées, qu'ils appellent Kassr-el-Bent (le château de la jeune fille). A quatre journées vers l'est, une troisième ville, connue aujourd'hui sous le nom de Heïs, n'offre plus que des débris informes sur lesquels sont gravés des caractères inconnus.

Au nord-est de Leucé-Comé, à peu de distance de la mer, commence la province du Hidjr, qui sépare le Hedjâz de la Syrie. Là, comme à Médaïn-Saléh, les montagnes recèlent dans leurs flancs des villes souterraines jadis habitées par les Béni-Thamoûd. Ce peuple, qui précéda les Nabatéens sur la terre arabe, semble avoir eu longtemps le monopole de la route commerciale ouverte par Sémiramis, du golfe Persique à la mer Érythrée, à travers les déserts du Hidjr et du Hedjâz, route dont une grande cité marquait chaque étape. Les richesses qu'ils acquirent corrompirent les Béni-Thamoûd, auxquels Dieu, toujours clément, envoya Saléh, son prophète, avant de prononcer leur ruine.

— Au nom de quel Dieu viens-tu nous sommer de faire pénitence? lui demandèrent les Thamoûdites.

— Au nom du Dieu éternel et tout-puissant, répondit le prophète.

— S'il est tout-puissant, lui dit-on encore, que ne te donnait-il un signe auquel les autres hommes pussent reconnaître son envoyé?

— Le voici, ce signe, et malheur à qui doutera après avoir vu!

Ce disant, l'homme de Dieu prit une javeline,

et en frappa la montagne. Alors, le rocher s'ouvrit, et il s'en échappa une chamelle toute blanche, haute de quinze coudées, qui, accourant vers le prophète, s'accroupit humblement à ses pieds.

Mais un homme de sang entre tous ces géants sanguinaires prit son arc, posa sur la corde une flèche plus longue que les lances des hommes de nos jours, et la décocha dans les flancs de la chamelle, qui expira, traversée d'outre en outre.

— Si elle était sortie de la montagne par la volonté du Tout-Puissant, s'écria-t-on de toutes parts, il n'eût été au pouvoir d'aucun homme de la tuer.

Saléh dut s'enfuir pour éviter la mort.

A peine eut-il dépassé les limites du Hidjr, qu'il monta jusqu'au sommet d'une haute montagne d'où il voyait se dérouler au-desous de lui les vallées habitées par les Thamoûdites. Étendant alors sa main vers le peuple impie, il le maudit. Aussitôt le ciel devint rouge comme du sang ; des nuages de feu s'y amassèrent durant trois jours. Au soir du troisième, ces nuages s'abaissèrent sur les vallées maudites, d'où monta une immense clameur de détresse, et, au contact de la brume ardente, les arbres, les hommes, les animaux s'enflammèrent comme des torches. Au coucher du soleil, il ne restait rien de vivant à la surface du Hidjr.

Quant à Codar le Roux, — ainsi s'appelait le Thamoûdite qui avait tué la chamelle miraculeuse, — il devait avoir une plus large part dans la malédiction du prophète. Tandis que ses frères étaient consumés entièrement par le feu du ciel, son cadavre ainsi que celui de la chamelle furent préservés d'une destruction complète : les chairs seules, réduites en cendres, se détachèrent, laissant à nu les ossements qu'elles recouvraient.

Alors, le squelette de l'homme se leva comme si la vie lui eût été rendue, alla au squelette de la chamelle et sauta sur sa croupe ; celle-ci, s'animant à son tour, partit pour ne plus s'arrêter : elle devait promener à jamais dans tous les déserts de la péninsule son cavalier doublement maudit.

Un soir, ajoutèrent les Bédouins qui nous racontaient cette légende, une petite caravane s'arrêta précisément sur les ruines de Leucé-Comé : elle se composait de pèlerins qui revenaient de Médine et remontaient vers la Syrie.

Comme le soleil allait se coucher, tous ces hommes firent leurs ablutions, ouvrirent leurs nattes sur la terre et se prosternèrent vers la *kâbâ* d'Abraham. Un seul ne pria pas. Celui-ci était un de ces hommes dont personne ne pourrait dire s'ils sont giaours ou musulmans, et auxquels les

Turcs donnent le nom de *déli*, qui pourrait se traduire par homme qui n'a jamais eu peur ni du ciel ni de la terre. Pendant que les premiers tournaient le dos au couchant, où le disque du soleil flottait à l'extrême limite de l'horizon, entre un ciel de feu et une mer étincelante, chacun d'eux put entendre le sable crier comme sous les pas d'un dromadaire ; puis un autre dromadaire encore s'élança dans la même direction ; mais, absorbés par la prière, pas un ne tourna la tête.

Leurs rékas terminés, chacun chercha des yeux le déli. Depuis un moment celui-ci fuyait vers le nord-est sur sa monture, qui courait comme le vent, à la poursuite d'un autre cavalier et d'un autre dromadaire. Ce dernier groupe avait de si gigantesques proportions, que les pèlerins hésitaient à en croire leurs yeux. Le corps du dromadaire et celui de l'homme semblaient bâtis d'os seulement, et, par les interstices qui séparaient les diverses pièces de leur charpente, on distinguait le ciel, les montagnes, les arbres, comme les détails d'un paysage vu derrière un grillage. Ces deux squelettes n'avaient pas moins de vingt-cinq à trente coudées de hauteur.

Le déli avait beau précipiter sa course, jamais il ne parvenait à gagner un pouce de terrain sur l'effrayante apparition qu'il poursuivait, comme pour braver Dieu ; encore celle-ci s'arrêtait-elle à l'attendre au sommet de chaque colline. Les pèlerins entendirent leur compagnon décharger successivement son fusil et ses pistolets sur le cavalier fantastique, et bientôt la vision se perdit dans l'éloignement, toujours suivie du déli, qui ne reparut jamais plus. Ce cavalier géant et sa colossale monture, c'étaient Kodâr, le Thamoûdite maudit, et la chamelle miraculeuse qui l'emportait dans des déserts sans nom.

De Déghébéich, nous remontâmes encore jusqu'à la hauteur de Moïla, cherchant le lit du vent qui vient du fond du golfe de l'Acabah, et auquel les matelots arabes s'abandonnent, lorsqu'il s'agit de traverser le golfe pour gagner Kosséir.

A la nuit tombante, on alluma pour la première fois la lumière de l'Habitacle; le pilote épousseta sa boussole depuis longtemps inutile, et recouverte d'une couche de poussière qui empêchait de lire les rumbs des vents, et, après une longue prière récitée en commun, dans le but de mettre nos personnes et notre barque sous la sauvegarde du Prophète, nous fîmes route le cap à l'ouest.

Au jour, le vent était tombé. Ce calme imprévu commençait à assombrir toutes les figures, lorsque apparurent jouant avec la lame et s'élevant au-dessus par d'énormes bonds, toute une bande de marsouins que les matelots saluèrent de longs cris de joie. En mer, la rencontre de ces animaux est toujours d'un heureux présage, nous dit-on : de là leur nom d'Abou-salama, ou de père du salut.

Le présage ne nous trompa pas. Le vent revint sur le soir et notre traversée s'acheva sans autre incident qu'une pêche au requin, qui toutefois n'eut pas un résultat complet.

Quatre ou cinq de ces squales géants nagèrent tout le jour dans notre sillage, tantôt déchirant la surface de la mer de leur nageoire dorsale, tantôt se tenant à une profondeur telle, qu'à travers la couche d'eau bleuâtre qui les recouvrait, leur corps enveloppé d'une peau grise nous apparaissait sous le hideux aspect d'un cadavre verdi par un séjour trop prolongé dans un milieu humide. Chacun de ces animaux était suivi d'une nuée de poissons gros au plus comme des harengs, zébrés de zones argentées et de rubans d'un vert d'émeraude. Le squale allait, venait, toujours entouré de l'escadron agile qui tournait autour de lui ; c'était, pour me servir d'une comparaison assez juste que j'emprunte à l'un de nos marins, comme un pacha de la mer suivi d'une légion de *kaouas*.

Nous jetâmes à la mer un énorme croc, au bout duquel nous avions fixé un morceau de viande. L'un des requins, prenant son élan, passa sous la ligne en se renversant sur le dos et avala la chair et le croc de fer. Nous le crûmes pris, et les matelots commençaient à tirer lentement leur ligne, lorsque le monstre se dégagea par un léger effort, laissant, au lieu du croc recourbé attaché au bout de la corde, un morceau de fer droit comme un fer de lance.

Enfin, nous mouillâmes à Kosséir, cinquante-cinq jours après notre départ de Djeddah, et, deux jours plus tard, nous prenions la route de Kénéh, ne marchant que la nuit, nous reposant le long du jour au fond de quelque ravine couverte de l'ombre des pics voisins.

A la troisième marche, nous atteignîmes un défilé tortueux dont les deux revers sont couronnés, de distance en distance, de redoutes et de guérites qui, vues à la lueur indécise de la lune, avaient l'air de sentinelles chargées de veiller sur le désert de granit et de porphyre par lequel le bassin arabique est séparé de la vallée du Nil. Tout cela était l'ouvrage des demi-brigades qui, lors de l'expédition française, furent chargées de fermer cette route aux Anglais débarqués à Kosséir avec des forces supérieures.

Un peu plus loin nous passions devant une vaste enceinte rectangulaire qui coupe la vallée, plus large en cet endroit. Dans l'intérieur, des pâtres ababdéh avaient allumé un feu de broussailles vers lequel je me dirigeai.

Les hommes, assis autour du feu, écoutaient,

tout en fumant, les racontances de l'un d'eux, et le premier mot que je pus saisir de ces récits fut le nom du sultan Bounabardi. Cette enceinte, derrière laquelle quelques Bédouins parlaient du général Buonaparte, était encore un camp français. Le sol sur lequel je marchais avait résonné sous les crosses de fusils français; les échos de ces solitudes avaient répété le cri de veille et les hymnes de victoire de nos soldats. Il me semblait voir des cohortes de fantômes défiler à la pâle clarté tombée du ciel, ou entendre, dans le bruit du vent à travers les déchirures des collines, l'aigre clameur des clairons, le fracas des tambours, le hennissement des chevaux, le froissement du fer, le cahot des pièces roulant sur les rochers. Les hommes ne se souviennent plus de Rhamsès le Grand; les statues de Memnon sont muettes depuis des siècles sur les ruines des palais qu'il édifia. Il n'est plus en Égypte qu'un seul grand souvenir, qu'une seule ombre devant laquelle se sont éclipsées les ombres des pharaons : c'est celle du général de la république française. Les générations qui se succéderont sur les rives du Nil se diront son nom d'âge en âge.

Cinq jours nous suffirent pour parcourir les six journées de caravane qui séparent Kosséir de Kénéh. De ce dernier point, nous remontâmes le Nil pour visiter la haute Égypte, et, trois mois plus tard, en septembre 1849, un des paquebots qui desservent la ligne d'Alexandrie à Marseille nous emportait vers la France.

FIN.

TABLE DES CHAPITRES.

—

FIN DE LA TABLE.

OUVRAGES PARUS OU A PARAITRE :

LES CHAUFFEURS, *par Élie Berthet* . . . . . . 3 vol.

LES PROPOS AMOUREUX, *par Champfleury*. . . 1 »

CONFESSIONS DE SYLVIUS (*la Bohème amoureuse*), *par le même*. . . . . 1 »

HISTOIRE DE RICHARD LOYAUTÉ ET DE LA BELLE SOUBISE, *par le même*. . . . . 1 »

LES DETTES DE CŒUR, *par A. Maquet*. . . . 2 »

LES FEMMES ET LA SOCIÉTÉ, *par Jules Baissac*. 1 »

AVATAR, *par Théophile Gautier*. . . . . 1 »

LA JETTATURA, *par le même*. . . . . 1 »

CHARLES LE TÉMÉRAIRE, *par Alexandre Dumas* 2 »

SCÈNES PARISIENNES, *par H. Monnier*. . . . . 1 »

LES PETITES GENS, *par le même* . . . . 1 »

HISTOIRE DE LA CONVERSATION, *par Émile Deschanel*. 1 »

HISTOIRE D'UN HOMME ENRHUMÉ, *par P.-J. Stahl* . . . . 1 »

ESPRIT DE CHAMFORT (*précédé d'une histoire de la vie de Chamfort, par P.-J. Stahl*) . . . . 1 »

HISTOIRE D'ATELIER, *par Edmond About* . . . 1 »

DICTIONNAIRE DES VICES ET DES VERTUS DES FEMMES, *par Larcher*. . . . . 1 »

ANTHOLOGIE FÉMININE, *par le même*. . . . . . . 1 »

HISTOIRE DU DIABLE, *par A. Morel*. . . . . . . 3 »

LE COCHON DE SAINT ANTOINE, *par Charles Hugo* . . . . 2 »

SÉRAPHINA DARISPE, *par A. de Bréhat* . . . . 1 »

BRUXELLES. — TYP. DE J. VANBUGGENHOUDT, RUE DE SCHAERBEEK, 12.

www.ingramcontent.com/pod-product-compliance
Ingram Content Group UK Ltd.
Pitfield, Milton Keynes, MK11 3LW, UK
UKHW020214250726
13967UKWH00003B/1472

9 782011 930613